**DRAMATURGIAS
DA CRÍTICA**

Patrick Pessoa

DRAMATURGIAS
DA CRÍTICA

Cobogó

Sumário

O jogo da amarelinha da crítica: Manual de instruções 15

MORTE

1. Nós que aqui estamos por voz esperamos (*O ator e o lobo*) 23

2. Um jardim dos caminhos que se bifurcam (*A última peça*) 25

3. Como nascem os anjos (*Angels in America*) 27

4. Um, nenhum, cem mil (*Crave*) 29

5. A felicidade é como a gota de orvalho numa pétala de flor (*Interior*) 32

6. O mito de Narcísifo (*Sísifo*) 34

7. Os quatro profetas do Apocalipse (*Pi: Panorâmica insana*) 36

8. O fim do mundo é todo dia (*Galáxias I: Todo esse céu é um deserto de corações pulverizados*) 38

9. Há muitas coisas piores que a morte (*As crianças*) 40

10. A visita cruel do tempo (*A próxima estação: Um espetáculo para ler*) 42

11. Um outro "fim de partida" é possível (*Jogo de damas*) 45

ARTE

12. A primeira aventura é a vida (*A última aventura é a morte*) 49

13. Poesia concreta (*Uma frase para minha mãe*) 51

14. Quando a poesia venta forte (*Negra palavra: Solano Trindade*) 53

15. Titânica subversão do teatro musical (*Cabeça: Um documentário cênico*) 55

16. Mona Lisa ainda é capaz de sorrir (*Domínio público*) 58

17. O crítico artista (*A boba*) 60

18. Um experimento ambíguo (*By heart*) 62

19. O dia em que Beckett encontrou Machado de Assis (*The and*) 64

20. Machado de Assis e Guimarães Rosa como dramaturgos (*Espelhos*) 66

21. Adaptação fria de um romance quente (*Naquele dia vi você sumir*) 68

22. Um jogo de cartas marcadas (*Como se um trem passasse*) 70

23. De perto todo mundo é normal (*Tebas Land*) 72

24. *Bigger than life* (*A ira de Narciso*) 74

25. A vida é cheia de som e fúria (*Fúria*) 76

AMOR

26. Aprendendo a morrer (de amor) (*Fim de caso*) 81

27. Amor que não é eterno não é amor (*Por favor venha voando*) 84

28. Janela indiscreta (*Nerium Park*) 86

29. Quando o teatro faz a vida valer a pena (*Todas as coisas maravilhosas*) 88

30. Afrodite no espelho (*Venus ex libris*) 90

SEXO

31. O teatro político em questão (*Menines*) 95

32. Um convite provocante (*Trajetória sexual*) 97

33. O capitalismo como religião (*Luz nas trevas*) 99

34. A empatia contra a homofobia (*A golondrina*) 101

35. O que aprendi com as crianças (*Cinco peças fáceis*) 103

36. O dia em que a santa levantou a saia (*Stabat Mater*) 105

LUTA

37. O combate do último homem contra a besta do fascismo (*O rinoceronte*) 111

38. O coveiro de Deus (*Solo*) 113

39. Tropa de elite 3 (*Dogville*) 115

40. Crônica de uma tragédia anunciada (*Um tartufo*) 117

41. As feridas abertas da América Latina (*Antes que a definitiva noite se espalhe em Latinoamerica*) 120

42. À espera de um milagre (*Milagre na cela*) 122

43. A marca da maldade (*Diário do farol*) 124

44. Sangue, suor e testosterona em excesso (*Billdog 2: O monstro dentro dele*) 127

45. Quem ri por último ri pior (*Ielda: Comédia trágica*) 129

46. Eu prefiro ser esse mimeógrafo ambulante (*Prova de amor*) 131

47. Precisamos falar sobre tortura (*Três maneiras de tocar no assunto*) 134

48. Poesia e sangue nos olhos (*Colônia*) 136

49. Peça-aula sobre o racismo nosso de todo dia (*Contos negreiros do Brasil*) 138

50. Um grito de liberdade (*Traga-me a cabeça de Lima Barreto*) 140

51. A voz e a vez de Lima Barreto (*Lima entre nós*) 142

52. Crítica da razão eurocêntrica (*Eu, Moby Dick*) 144

53. Para encontrar refúgio nas raízes (*Meus cabelos de baobá*) 146

54. Uma gota d'água que fez transbordar o oceano (*Gota d'água {preta}*) 149

55. Pérola negra (*Reza*) 152

56. Teatro negro conjugado no plural (*Oboró: masculinidades negras*) 154

57. Contribuição decisiva para a luta antirracista (*Isto é um negro?*) 157

58. Episódios de um terror cotidiano (*Desmontando bonecas quebradas*) 160

59. Diário de uma busca (*Aracy*) 162

60. A dificuldade de não se submeter ao olhar do outro (*Auto eus: A ditadura da aprovação social*) 164

61. A polifonia silenciosa de Dostoiévski (*Nastácia*) 166

62. As mulheres que fizeram a história do Brasil (*Leopoldina: Independência e morte*) 168

63. Quando o luto vira luta (*Para não morrer*) 170

UTOPIA

64. Macbeth e o fa(r)do da ambiguidade (*Maracanã*)   175

65. Ser e não ser, eis a questão (*A invenção do Nordeste*)   177

66. Muito além do espírito de vingança (*A hora e vez*)   180

67. O manifesto antropófago de Regina Casé
(*Recital da onça*)   182

68. Viva o povo macumbeiro (*Macunaíma*)   185

69. A gente quer ter voz ativa (*Roda viva*)   188

70. A democracia é a maior diversão (*O condomínio*)   190

71. O dia em que a Maré mudou (*Hoje não saio daqui*)   193

72. Esculpindo o tempo (*Outros*)   196

73. Poderoso antídoto contra a melancolia
(*Por que não vivemos?*)   199

PANDEMIA

74. Quem tem medo do teatro virtual?   205

75. Um beijo de linguagens (*Onde estão as mãos esta noite?*)   208

76. A arte de transformar lobos em bolos (*A arte de encarar o medo*)   211

77. Uma coleção de utopias (*Museu dos meninos: Arqueologia do futuro*)   214

Índice onomástico   217
Agradecimentos   225
Sobre o autor   229

Para
Aderbal Freire-Filho
e
Marcia Cavalcante-Schuback

Quebrar o vidro... Vasculhar os cacos... Encontrar os cacos que cortam... Escolher os galhos... Amarrar com barbante vermelho um caco num galho... Mostrar a faca... Cortar. Repetir o procedimento...

JOTA MOMBAÇA e MUSA MICHELLE MATTIUZZI

A maioria das pessoas acredita que os escritos dos ensaístas só existem para explicar livros, filmes ou peças de teatro, para facilitar sua compreensão. E, no entanto, a ironia da escrita ensaística consiste no fato de o crítico discutir incessantemente as questões fundamentais da vida, mas sempre num tom de quem fala apenas de livros, filmes ou peças de teatro, dos ornamentos bonitos e supérfluos da grande vida, de sua superfície bela e inútil.

GYÖRGY LUKÁCS

A tristeza cala, a alegria faz falar.

HANNAH ARENDT e LUIZ CAMILLO OSORIO

O jogo da amarelinha da crítica:
Manual de instruções

Os 77 ensaios de crítica teatral reunidos neste livro foram publicados no jornal *O Globo* entre agosto de 2018 e agosto de 2020, no início do período mais tenebroso da história brasileira recente. Mas, ao contrário do que seria de se esperar, esses textos são filhos da alegria. Filhos do privilégio de acompanhar semanalmente a produção teatral de uma cidade e de um país. De vibrar com ela. Filhos da possibilidade de seguir pensando com essas peças, a partir delas, para além delas. Filhos do gozo lúdico, verdadeira brincadeira de criança, que é desmontar e remontar obras artísticas e descobrir nessas obras pequenos espelhos do mundo. Espelhos partidos, é certo, mas exatamente por isso capazes de refletir e nos fazer vislumbrar outros mundos possíveis, ainda apenas sonhados. Mundos outros que seguem ao alcance das mãos de quem ama a arte porque acha que a realidade é pouco.

A crítica é uma forma de agradecimento. Aprendi com um poeta querido, Paul Celan, que em alemão pensar (*denken*) e agradecer (*danken*) têm uma mesma origem. Basta trocar uma letra. Quando algo me toca e me comove, eu agradeço pensando. E penso agradecendo.

A crítica é uma troca de presentes. Você (a obra) me desloca, me faz ver e sentir algo que eu não teria visto nem sentido sem você. Você amplia e transforma o meu olhar e, por extensão, o meu mundo. E eu agradeço te devolvendo um presente. Alguma coisa bonita guardada em algum desvão da memória que é acordada pelo teu toque. Peças de teatro são arretadas em despertar memórias involuntárias e associações livres, em abrir mundos que a gente tinha "esquecido". Como se houvesse isso, o esquecimento... E, na crítica, a gente põe essas memórias para jogo, propõe arranjos novos, descobre nas obras coisas que nem o pessoal que fez sabia que estavam lá. O gozo é este: quanto mais se dá, mais se tem.

Crítica não é juízo. Mesmo quando desconforta quem produziu as obras, a crítica é um grande sim. "Bom" e "ruim", como quase todos os adjetivos valorativos, praticamente ausentes deste livro (espero!), são palavras estrangeiras na linguagem da crítica. Não existem critérios para definir o que é bom e o que é ruim em si. Quem se acha dono da verdade, sugiro procurar outro jogo.

Crítica tampouco é negócio de especialistas. Se há 100 anos Brecht já sonhava com um "teatro de especialistas" inspirado pelos espectadores das lutas de boxe e das partidas de futebol — um público que se sente autorizado não só a discutir com qualquer comentarista da tevê, mas até com os próprios técnicos dos times de sua predileção —, fico imaginando como seria uma sociedade em que, diante das experiências artísticas, todo mundo se sentisse autorizado a falar e a sentir a partir das suas próprias experiências pessoais e intransferíveis. A trocar de peito aberto.

A crítica é de todo mundo. Todo dia. Crítica é relação. Basta conviver com quem a gente ama. E manter os ouvidos abertos. A gente nunca conhece quem a gente ama. Nunca. Só pequenos pedaços. Ainda a metáfora do espelho partido.

Crítica é tentar enxergar os outros nos próprios termos deles, não nos nossos. Crítica é uma forma de êxtase, um modo de sair de si. Uma clínica para o narcisismo e o ensimesmamento. Um tipo de embriaguez, muitas vezes sóbria, mas ainda assim embriaguez. Um jogo em que o mais legal não é chegar ao final, e muito menos ganhar.

Crítica não tem a ver com argumentação. Tem a ver com apresentação, mostração, com a possibilidade infinita de recomeçar e rearranjar as peças do jogo. Põe uma peça do lado de outra. Ela muda.

A crítica só nasce quando a gente assume essa responsabilidade danada de continuar o que alguém começou. De intensificar e levar além trabalhos a princípio alheios. Uma crítica teatral nunca é "sobre" uma peça de teatro, não tem nada a ver com jornalismo, com um registro pretensamente objetivo e imparcial da realidade. Uma crítica teatral é sempre "a partir de" uma peça de teatro. Se a arte é sempre mais que a arte, e extrapola o campo da estética em direção aos campos da ética, da política e da teoria do conhecimento, a crítica de arte sempre é mais do que apenas a crítica de uma obra específica. Parte-se sempre de uma obra, é verdade, mas nunca é possível prever em que outras galáxias se há de chegar.

Crítica é coautoria. Um jeito de se deixar implicar, afetar, transformar pelo outro; de misturar o sangue alheio com o próprio. Mas sobretudo um jeito de devolver o olhar que as obras lançam sobre nós. (Leia o *Torso arcaico de Apolo*, do Rilke, na tradução do Manuel Bandeira, que você vai me entender.) Escrever uma crítica é se lançar na (a)ventura de ver. A gente só consegue mesmo ver alguma coisa na medida em que é capaz de compartilhar o que viu. Ver não se separa de mostrar.

EscreVer, como a própria palavra ensina, é uma antiga tecnologia de ver fazendo ver.

A crítica teatral que exercito nestas páginas é uma nova apresentação das peças de teatro a partir das quais escrevi. O povo do teatro não diz que cada nova apresentação é sempre única, diferente, imprevisível? Que cada dia é um dia? Então. Na sala de ensaios em que gesto minhas críticas, junto sempre personagens a princípio heterogêneas: elementos cênicos que ressaltam na peça que quero pensar-agradecer com alguma experiência acordada pelo trabalho — um livro, um filme, uma outra peça... Como a travesti Agrado, em *Tudo sobre minha mãe*, filme do Almodóvar, me imagino subindo ao palco logo depois da apresentação das peças aqui ensaiadas apenas para contar a minha história e mostrar o quanto ela não se separa mais das histórias que acabei de ouvir.

Crítica é dramaturgia. Cada ensaio crítico contido neste livro é uma peça em si e pretende ter tanta autonomia quanto qualquer das peças criticadas. A crítica que almejo é ela mesma uma forma de arte. Nesse sentido, pouco importa se você, leitora, leitor, leitore, viu as peças que ganham uma nova versão nessas páginas. Para quem viu, de repente brota uma conversa. Foi mesmo isso que eu vi? Para quem não, as peças revivem de outro jeito, metamorfoseando-se em uma peça inédita. E depois, se você tiver a oportunidade de ver as "peças originais" que inspiraram estes ensaios, me diz se fez sentido o papo que estou tentando retomar aqui. As temporadas das peças terminam. Nosso papo, não.

Quando sonhei este livro, ele ia se chamar *O jogo da amarelinha da crítica teatral*. Depois descurti o título, longo e descritivo demais. Mas nunca abandonei a provocação do Cortázar e fiz questão de trazê-la ao menos como título desta apresentação.

Estes ensaios, cada um lê como quiser. Na ordem que quiser. A história não é linear e o mais legal é quando cada pessoa, como Quixote, constrói a sua própria trajetória. "O caminho se faz ao caminhar." Se é isso que sempre faço ao escrever, espero que este livro funcione como uma longa peça repleta de episódios autônomos com os quais cada pessoa vai poder jogar como puder e quiser.

Mas claro que esse jogo é sério. Basta observar uma criança brincando para perceber o quanto jogar é uma das coisas mais sérias que há. O suporte livro, com páginas numeradas, me obrigou a uma série de decisões. Morte, arte, amor, sexo, luta, utopia, pandemia é só uma ordem possível. Faça a sua. Esse é o maior desejo deste livro: faça a sua própria dramaturgia. Brinque à vontade.

Para mim, a crítica sempre tangencia essas questões últimas. O trabalho do crítico começa quando o espetáculo termina, ou morre. E aí a gente tem que inventar a arte de fazê-lo continuar para além do aqui e agora característico das artes da cena. E precisa de muito amor (Eros é o deus da relação), de muito sexo (experimentação sensorial e libidinal), para fazer isso acontecer. Vida é luta, não dá para ficar indiferente. E sem um horizonte utópico é impossível levantar da cama. A pandemia, claro, complicou definitivamente as coisas. O que, em muitos sentidos, só tornou mais visíveis questões que já existiam antes dela.

Mas, para além desses "grandes temas", se você quiser viajar de outro jeito, há uma infinidade de outras ordens possíveis.

A cronológica é a mais óbvia, porque permite entrever de que modo a catástrofe política que vem se abatendo sobre o Brasil desde 2016 contaminou o nosso teatro e a minha escrita. Se preferir ler os textos na ordem em que foram originalmente publicados, basta obedecer à seguinte sequência:

13, 28, 32, 70, 40, 21, 65, 19, 50, 16, 30, 8, 39, 51, 12, 23, 72, 20, 9, 24, 41, 10, 55, 4, 38, 63, 22, 17, 35, 31, 25, 60, 27, 1, 67, 42, 33, 7, 37, 5, 52, 11, 64, 3, 29, 73, 48, 2, 58, 6, 59, 43, 68, 47, 15, 54, 49, 26, 46, 69, 56, 53, 61, 45, 71, 62, 14, 57, 34, 44, 66, 36, 18, 74, 75, 76, 77.

Mas há também a possibilidade de você criar uma ordem que investigue as formas do teatro contemporâneo; uma ordem em que se vislumbre metacriticamente a minha própria teoria do ensaio; uma ordem que apure a utilidade das referências cinematográficas ou literárias para o tipo de crítica teatral que pratico; e tantas outras.

"Virem-se" é, desde Paulo Leminski, o único prefácio aceitável!

No final de cada ensaio, há a data em que o texto foi publicado. E no final do livro você encontra um índice das referências mobilizadas. Por ele, você constrói seu mapa pessoal. Porque, no fiml das contas, é isto: a crítica é uma cartografia, uma curadoria daquilo que importa para cada pessoa num certo momento da vida. Nenhum manual de instruções tem como antecipar isso.

Morte

1. Nós que aqui estamos por voz esperamos
Crítica da peça *O ator e o lobo*

Cesar Aira, fabuloso escritor e crítico literário argentino, escreveu que a tarefa da crítica ensaística não é explicar uma obra ou avaliar o seu valor. "Minha hipótese", ele escreveu, e sinto a palma de sua mão pousada em meu ombro sempre que busco o tema de uma crítica, "é que o tema do ensaio são dois temas. Pode-se dizer que um tema único não é um bom tema para um ensaio. Se é um tema só, não vale a pena escrevê-lo, porque alguém já o escreveu antes, e o fez melhor do que nós poderíamos fazê-lo. O ensaio é a obra literária que se escreve antes de ser escrita, quando se encontra o tema. E esse encontro se dá no interior de uma combinatória: não é o encontro de um autor com um tema, mas de dois temas entre si".

No caso de *O ator e o lobo*, monólogo com direção de Fernando Philbert, esse encontro não é exatamente entre dois temas, mas entre duas vidas (ou obras): a do ator Pedro Paulo Rangel, celebrando neste trabalho 50 anos de uma brilhante carreira nos palcos, e a do escritor português António Lobo Antunes, cujos textos vão sendo entremeados na narração da vida do ator como se fossem dele.

A fusão operada pela dramaturgia (assinada pelo próprio Pedro Paulo Rangel) entre as experiências do ator e do Lobo é muito feliz ao adotar uma convicção cara a outro escritor argentino, Jorge Luis Borges: a de que a imortalidade nada tem a ver com a vida (da alma) depois da morte (do corpo), mas sim com a percepção de que os mortos vivem através de nós.

Sempre que, consciente ou inconscientemente, repetimos as palavras de algum avô, ele vive em nós.

Para isso, no entanto, é preciso uma arte das mais negligenciadas: a arte da escuta, a arte de se permitir atravessar pelo outro. "Pensando bem, não sou escritor. Aquilo que faço não é escrever, é ouvir com mais força." Ouvir com mais força... Que maravilha essa definição de Lobo Antunes do trabalho do escritor! E, talvez com ainda mais propriedade, do trabalho do ator. E do crítico.

Sim, "sou um homem que pensa em outra coisa", escreveu Victor Hugo em 1863, frase citada pelo Lobo e recitada pelo ator, verdadeiro mote do espetáculo. Nessa corrente de associações livres em que o pensamento se permite voar para ouvir melhor o que os olhos embotados pelo cotidiano já não conseguem ver, os verdadeiros dois temas do espetáculo ganham corpo: a criação e a morte; a urgência de ouvir a voz mais precisa e o limite físico que, no crepúsculo de suas vidas, fez tanto o ator quanto o lobo terem problemas de audição.

Ao fim desse retrato do combate humano entre o desejo de imortalidade e a certeza do fim, entre a escuta e a surdez, assistir a dezenas de fotos da vida e da obra de Pedro Paulo Rangel sendo projetadas num telão é muito comovente. Ao sair do Teatro Poeira, ironicamente vizinho ao cemitério São João Batista, o espectador verá com outros ouvidos a inscrição mortuária imortalizada no filme de Marcelo Masagão. "Nós que aqui estamos por vós esperamos" não é uma ameaça, mas antes um convite à escuta.

03/05/2019

2. Um jardim dos caminhos que se bifurcam
Crítica da peça *A última peça*

Há muitos modos de começar este texto. Supondo que a crítica teatral não obedece mais a nenhuma fôrma, a linguagem específica de cada peça exige que se encontre um modo singular de abordá-la. Se, antigamente, a crítica seguia uma "check list" razoavelmente fixa — falava-se primeiro da dramaturgia e da direção, depois da "parte técnica" (luz, cenário, figurinos, música) e terminava-se adjetivando a "luminosa" ou "apagada" atuação das "estrelas" em cena —, hoje começar é o mais difícil.

Diante de *A última peça*, primeira peça da experiente atriz e diretora Inez Viana como dramaturga, sublinhar a dificuldade de começar é uma exigência do próprio trabalho, experimento essencialmente metalinguístico e verdadeiro *work in progress*. "Não dou conta de escrever esta peça sozinha. Continua, Felipe. Eu não sei terminar", diz Inez a Felipe Rocha, seu parceiro de cena, logo no início do espetáculo. Nesta crítica, eu poderia dizer o mesmo.

Muitos são os fios que eu poderia puxar para rememorar *A última peça*. Poderia começar falando do enigma contido no título: qual seria a última peça nesse quebra-cabeça chamado *A última peça*? Ou da rara potência da instalação cênica de Simone Mina, uma estrutura quadrangular com mil fios de lã pendurados no teto que evocam os fios da memória e a dificuldade de transitar entre eles. Ou da participação afetiva de Ginete Duque, 87 anos e mãe da autora na "vida real", cujo corpo materializa as questões relativas ao envelhecimento evocadas em cena. Ou, ainda, do pungente argumento do espetáculo: acometida pelo mal de Alzheimer, uma mãe não sabe mais se o jovem que a visita é seu filho que voltou do estrangeiro ou um mero professor de francês. Ela sequer sabe se um dia foi mãe. Seu "filho" seria então apenas mais um "fio" que ela tenta desesperadamente puxar.

Todas essas opções de leitura chamam a atenção para o dispositivo dramatúrgico mais importante em *A última peça*: a optação. Segundo a descrição feita por Jean-Pierre Sarrazac em sua *Poética do drama moderno* e seguida à risca pelo texto de Inez Viana e pela direção de Danilo Grangheia, trata-se a todo momento de interromper o fluxo da história a ser contada através de comentários metalinguísticos, irônicos ou autocríticos e de chamar a atenção para o fato de que não há caminho (cênico ou existencial) que não seja bifurcado. Ao contrário do que ocorre no drama convencional, cuja ação deve progredir linearmente como um trem na noite, obedecendo a um rigoroso determinismo psicológico ou causal, aqui o jogo permanece sempre aberto. Faz-se uma coisa, mas sempre seria possível fazer outra. Como na vida.

Libertando-nos de todas as respostas prontas, a angustiante virtude do esquecimento é nos fazer duvidar, buscar, improvisar. A última peça de qualquer memória é sempre uma boa dose de invenção. A última peça de *A última peça* são os espectadores. Apenas eles poderão dizer como a história termina.

16/08/2019

3. Como nascem os anjos
Crítica da peça *Angels in America*

Quando alguém morre de câncer, não é raro ouvirmos observações do tipo: "Também, né, ele bebia demais." Ou: "Fumava demais", "Não cuidava direito da saúde". Diante da morte do próximo, dificilmente suportamos a pura e simples tragicidade da existência, o fato de que a morte pode chegar para qualquer um a qualquer hora. Nessa tentativa desesperada de encontrar causas pretensamente racionais para uma morte que nos perturba, em geral o moralismo mais mesquinho vem à tona. É como se quem morre tivesse de algum modo merecido morrer. Ainda uma vez, como em tantos casos de estupro e feminicídio, a tendência é culpabilizar a vítima.

Imagine agora que estamos em 1985, em Nova York, e que a doença em foco não é o câncer, mas a aids. A aids antes da popularização dos coquetéis que foram lentamente diminuindo sua letalidade; a aids quando ainda era confundida com uma doença chamada "sarcoma de Kaposi", que literalmente enche o corpo de chagas. Se, até hoje, os soropositivos sofrem com o preconceito, imagine naquela época, quando a aids foi celebrada pelos moralistas de plantão como a "peste gay" com a qual Deus teria vindo punir os homossexuais por suas relações "antinaturais".

Angels in America (1993), de Tony Kushner, é um retrato dessa época. A peça tem como pano de fundo o choque entre o apogeu das liberdades civis, o advento da aids e o discurso de extrema direita que elegeu Ronald Reagan, antigo galã de Hollywood que chegou ao poder defendendo os "verdadeiros valores religiosos" e o capitalismo mais selvagem. O contexto desse embate, que até poucos anos atrás poderia parecer datado diante da realidade brasileira, hoje soa tragicamente atual.

Na montagem da Armazém Companhia de Teatro, dividida em duas partes com mais de duas horas cada, dirigida por Paulo de Moraes, o protagonista absoluto é o texto de Kushner. A trama parte do cataclismo gerado pela descoberta da doença na vida de dois homens que ocupam polos antagônicos do espectro social: de um lado, Roy Cohn, influente advogado de extrema direita, o Deltan Dallagnol do caçador de comunistas Joseph McCarthy; de outro lado, Prior Walter, jovem homossexual de esquerda que é abandonado por seu namorado quando lhe revela ser soropositivo.

Em um cenário quase inteiramente desprovido de objetos, os oito atores em cena (Jopa Moraes, Lisa Eiras, Luiz Felipe Leprevost, Marcos Martins, Patrícia Selonk, Ricardo Martins, Sérgio Machado e Thiago Catarino) constroem tipos sociais ora mais realistas, ora mais caricaturais, com o objetivo de mostrar o quanto as dores individuais são indissociáveis de seu contexto social mais amplo. O fato de que há diversas sobreposições entre cenas diferentes reforça a impressão de que todas as vidas, a despeito de seu aparente isolamento, estão de algum modo ligadas.

Os anjos do título, como os anjos da história no filme *Asas do desejo*, de Wim Wenders, somos nós, os espectadores. A Armazém nos convida a observar com vagar as inúmeras camadas dos seres humanos que se materializam em cena, a suspender o maniqueísmo de nossos juízos morais e a evitar os rótulos simplificadores que lhes roubam a sua humanidade.

19/07/2019

4. Um, nenhum, cem mil
Crítica da peça *Crave*

Toda obra de arte é, em alguma medida, autobiográfica. De que outro lugar senão da própria vida — aí incluídas experiências pessoais, leituras, encontros com outras pessoas e obras — uma artista tiraria a matéria de seu trabalho?

Toda autobiografia é, em alguma medida, ficcional. Ficção não tem nada a ver com "mentira". Etimologicamente, tem a ver com a ação de fazer, arranjar, justapor elementos heterogêneos e assim compor uma narrativa com eles.

O decisivo em qualquer autobiografia, portanto, não é o que se conta, mas o modo como se elabora esteticamente o que se vai contar. Buscar paralelos imediatos entre vida e obra costuma ser um passatempo vulgar, como ler uma revista de fofocas.

Na obra de uma artista como a dramaturga inglesa Sarah Kane, que se enforcou no banheiro de um hospital londrino aos 28 anos de idade, depois de escrever cinco peças de enorme sucesso, os elementos autobiográficos — depressão, psicose e suicídio — não raro chamam mais a atenção do que os elementos propriamente estéticos de seu trabalho.

O problema é que, salvo exceções como a do compositor Assis Valente, que performou um "suicídio bem brasileiro" — primeiro um malsucedido salto-mortal do alto do morro do Corcovado (ele foi salvo pela impertinente copa de uma árvore) e depois um bem-sucedido coquetel de formicida com guaraná —, se suicidar exige menos sentido estético do que coragem.

Ou desespero. Ou... Impossível dizer. Pelo menos, para um vivente. (No filme *O inquilino*, Polanski mostra que o único meio de compreender um suicida é suicidando-se.)

Escrever uma peça como *Crave*, por outro lado, exige doses bem equilibradas de tudo isso. A coragem para trabalhar com afinco num modo próprio de compor uma peça, independentemente do "gosto do freguês"; o desespero de sentir fisicamente o abismo entre as palavras e as coisas; e sobretudo o tino estético para dizer o que não se consegue formular com clareza sem apelar para personagens dotados de identidades e motivações facilmente reconhecíveis.

Escrita originalmente para ser lida ao redor de uma mesa, a própria estrutura da dramaturgia de *Crave* convida a uma movimentação econômica dos atores, que devem mobilizar o público unicamente a partir do modo como dizem o texto, sem firulas corporais. Nesse sentido, a direção de César Augusto é bastante fiel ao convite da dramaturga: em um espaço indeterminado, recortado de forma geométrica pela luz de Diego Diener, os quatro atores em cena (Alexandre Galindo, Elisa Barbato, Maria Adélia e Rogério Freitas) permanecem estáticos a maior parte do tempo.

A questão é que não se sabe ao certo o que (vozes do passado de alguém? memórias estranhamente reais? projeções delirantes?) ou quem eles representam (um pedófilo? uma mulher desesperada por um filho? um homem que goza na posição de objeto sexual? uma jovem perturbada que fantasia as outras vozes?).

Assim, a ficção construída em *Crave* depende de uma participação ativa de cada espectador. Não há certo ou errado, mas apenas hipóteses de interpretação. Se isso causa uma certa ânsia (possível tradução de *"crave"*) por decifrar o sentido último da peça, a alegria de montar esse mosaico em que os fragmentos não têm como se encaixar perfeitamente mantém o público atento do início ao fim.

Para mim, mais do que a crônica de um suicídio anunciado, ou o retrato de uma dramaturga em meio a uma crise esquizofrênica, trata-se de um ensaio sobre a construção da personagem no teatro contemporâneo. Um ser inapelavelmente cindido, contraditório, atravessado por vozes e tempos heterogêneos. Inabarcável e indefinível, como qualquer um de nós. Um, nenhum, cem mil.

23/02/2019

5. A felicidade é como a gota de orvalho numa pétala de flor
Crítica da peça *Interior*

As relações que podem ser estabelecidas entre obras de arte de diferentes épocas e registros muitas vezes parecem arbitrárias: abusos impressionistas ou "superinterpretações" (no dizer de Umberto Eco). O cuidado contra a arbitrariedade subjetivista na interpretação de uma obra não deve ser negligenciado.

Por outro lado, é preciso também cuidado para não nos tornarmos "idiotas da objetividade" (no dizer de Nelson Rodrigues). Além do prazer pessoal de enxergar em uma nova obra ressonâncias de experiências anteriores, talvez seja possível confiar que nossas associações nem sempre são despropositadas e que as obras se comunicam de formas mais misteriosas do que sonha a nossa vã filosofia.

Diante da montagem de *Interior* (1895), de Maurice Maeterlinck, realizada pela Cia. dos Bondrés sob a direção de Fabianna de Mello e Souza, primeiro me ocorreu uma associação cinematográfica. Poucas horas depois de cruzar com um jovem casal numa floresta banhada por uma luz esplêndida, o monge do filme *Rashomon* (1950), de Akira Kurosawa, é informado de que o marido foi assassinado e a mulher possivelmente estuprada. Amargurado, ele reflete: "a vida é efêmera, fugaz como o orvalho da manhã".

Poucos anos depois da estreia de *Rashomon*, Vinicius de Moraes escreveria uma canção que diz assim: "A felicidade é como a gota/ De orvalho numa pétala de flor/ Brilha tranquila/ Depois de leve oscila/ E cai como uma lágrima de amor."

Não sei se Vinicius viu o filme de Kurosawa, nem se o cineasta japonês conhecia a peça de Maeterlinck — isso não importa! — mas o filme e a canção traduzem com perfeição o sumo da experiência descrita em *Interior*.

Um velho (o jovem Tomaz Nogueira da Gama, em composição física e vocal impressionante) conversa com um estrangeiro (Felipe Pedrini) que acabara de descobrir o corpo de uma adolescente morta no riacho de sua aldeia. Enquanto os demais aldeões preparam o cadáver da virgem suicida para os ritos fúnebres, os dois protagonistas ficam incumbidos de dar a notícia à sua família, que ainda não sabe de nada. Ao longo de toda a peça, o velho e o estrangeiro observam pelas janelas da casa da família, isolada no meio de um bosque, uma noite como outra qualquer na vida daquelas pessoas (o pai, a mãe, as duas filhas gêmeas e um bebê).

Enquanto hesitam em bater na porta para dar a catastrófica notícia, os dois protagonistas descrevem pormenorizadamente o que veem dentro da casa. Diante da estrutura de madeira que faz as vezes de casa, vazada pelos quatro lados e rotatória, ideal para a arena do Sesc Copacabana, o espectador (como um velho experiente ou um estrangeiro que tudo estranha) é convidado a contemplar de todos os ângulos aquelas máscaras humanas que logo entrarão em convulsão.

As ações da família, aparentemente tão triviais, são transfiguradas pela notícia que nós conhecemos antes dos que logo serão diretamente afetados. Nessa verdadeira joia da dramaturgia ocidental, a vida humana aparece como a crônica de uma tragédia anunciada.

22/06/2019

6. O mito de Narcísifo
Crítica da peça *Sísifo*

O trocadilho contido no título de um dos livros de filosofia mais importantes do século XX é eloquente: para seu autor, Albert Camus, o mito de Sísifo seria o mito decisivo para a compreensão da condição humana no tempo que se segue à "morte de Deus", à perda na fé em qualquer entidade transcendental que pudesse garantir o sentido da vida. "Se fosse possível escolher entre Deus e o absurdo, a escolha seria fácil. Mas não há escolha."

Sísifo é o herói da mitologia grega que, por seu excessivo amor a este mundo, acabou condenado a um castigo aparentemente terrível: rolar uma imensa pedra até o alto de uma montanha com o objetivo de, algum dia, poder descansar. Sempre que alcançava o alto da montanha com seu pesado fardo, no entanto, a pedra rolava novamente morro abaixo e ele tinha que descer para recomeçar seu "trabalho inútil e sem esperança".

Em *Sísifo*, com dramaturgia de Vinicius Calderoni e Gregório Duvivier, dirigido pelo primeiro e solado pelo segundo, o cenário evoca o castigo de Sísifo: um praticável em forma de rampa lembra a montanha, que Gregório escala repetidas vezes ao longo do espetáculo, falando sem parar. Seu abrigo da Adidas e um trabalho de corpo fetichizado sublinham didaticamente o quão extenuante é a tarefa.

Por mais que a repetição de uma tarefa aparentemente sem sentido possa ter um efeito cômico, a sucessão vertiginosa de piadas curtas, espécie de maratona de episódios no estilo Porta dos Fundos, vai tornando penoso também para o espectador cada novo recomeço.

A razão mais imediata para o mau funcionamento do dispositivo cênico é a absoluta ausência de duração de cada episódio e a virtual inexistência de intervalos entre um episódio e outro. Ao contrário do que acontece no texto de Camus, para quem Sísifo só interessa quando, do alto da montanha, observa a pedra rolar novamente e, com um longo suspiro, toma consciência de sua condição e se pergunta o que fazer face ao absurdo, em *Sísifo* não é dado nenhum respiro para que o espectador possa refletir sobre o possível alcance, crítico ou existencial, dos breves contos apresentados em cena. Somos literalmente atropelados por um virtuosismo narcísico demais.

Com isso, as reais diferenças entre a crônica de um episódio cotidiano, o desconcerto diante do silêncio de Deus, um célebre solilóquio de *Hamlet*, a dor de uma desilusão amorosa e piadas feitas para agradar a um público confortavelmente familiarizado com a imagem do ator são todas achatadas. Em um mundo onde as diferenças não importam, reinam a monotonia e o niilismo.

Na ausência de qualquer horizonte utópico na vida desse Sísifo que veste Adidas, é como se os reacionários de plantão tivessem razão e só nos restasse aceitar passivamente, com um sorriso amarelo, que nada do que fizermos ou dissermos fará a menor diferença. Nesse contexto, contrariando o cerne da filosofia de Camus, torna-se impossível imaginar Sísifo feliz.

30/08/2019

7. Os quatro profetas do Apocalipse
Crítica da peça *Pi: Panorâmica insana*

O cenário criado pela diretora Bia Lessa é imponente: milhares de peças de roupas de cores e formatos diferentes encontram-se penduradas na parede ao fundo e no chão do palco. Não há espaços vazios. O mundo de Pi, o nosso mundo como a encenadora o vê, é um mundo absolutamente saturado. Haveria palavras, imagens, sons e até mesmo seres humanos demais. O progresso tecnológico, que deveria ter produzido o paraíso nesta terra, emancipando a humanidade das titânicas forças da natureza e das tirânicas superstições religiosas, acabou produzindo o seu oposto: a iminência do fim do mundo e o correlato retorno do fanatismo religioso neste inferno chamado Antropoceno.

A partir do momento em que os espectadores começam a entrar no teatro, os quatro atores em cena expõem a mecânica de tudo o que se verá a seguir: movimentando-se freneticamente sobre o amontoado de roupas, eles vão pegando e vestindo peças aparentemente escolhidas ao acaso e encarnando as pessoas que cada roupa evoca. Tendo em vista que cada ator veste dezenas de vidas ao longo da peça, a apresentação de cada personagem é muito veloz e quase sempre sumária. Como nas redes sociais que a cena pretende mimetizar, nada tem duração. As diferenças individuais são achatadas.

Os fragmentos do texto (assinados por André Sant'anna, Jô Bilac e Julia Spadaccini) são tão heterogêneos que o único modo de algo se fixar na memória dos espectadores é o recurso ao sensacionalismo na representação do sofrimento alheio: entre dezenas de personagens a cujas vidas é dada pouca ou nenhuma importância, Leandra Leal encarna uma mulher que come o próprio cocô; Luiz Henrique Nogueira, um racista que não gosta do cheiro das negras; Claudia Abreu, uma psiquiatra isentona que põe no mesmo saco discursos de esquerda e de direita; e Rodrigo Pandolfo, um ex-torcedor do Corinthians que descobriu que Deus acha ruim tudo o que é bom.

A fusão de sensacionalismo temático e virtuosismo técnico tem um objetivo claro: chocar, *épater les bourgeois*, dar um tapa na cara do público. A ideia é que, a partir da crônica do tempo presente realizada em cena, a plateia seja levada a fazer alguma espécie de autocrítica e, quem sabe, possa transformar o seu modo de ser e viver no mundo. Antes que seja tarde demais.

"Esse espetáculo é sobre nós. Criamos um mundo que não nos serve, algo precisa ser feito", escreve Bia Lessa no programa da peça.

Mas... "nós"?! Quem é "nós"? Os ricos? Os pobres? Os empregados? Os patrões? Os negros? Os brancos? Os indígenas? As mulheres? Os homens? Os heterossexuais? Os homossexuais? As trans? Os cis? Os que são assassinados pela polícia, pelo marido ou os que morrem de paixão? Será mesmo possível falar "nós" sem levar em conta as diferenças de classe, raça e gênero? Sem problematizar o lugar de fala dos artistas em cena? Sem levar a sério o problema da representatividade?

Questões importantes, que o espetáculo deixa de lado em nome de um "humanismo abstrato" difícil de defender nos dias que correm.

07/06/2019

8. O fim do mundo é todo dia
Crítica da peça *Galáxias I: Todo esse céu é um deserto de corações pulverizados*

As sequências iniciais de *2001: Uma odisseia no espaço* contêm a elipse temporal mais radical da história do cinema: depois de inventar o primeiro aparato técnico da história da humanidade, um pedaço de osso que ele usa para esmagar a cabeça de um macaco de outra tribo, o mítico "macaco-primeiro homem", em júbilo, lança o osso para cima. Um corte inesperado transforma essa arcaica arma mortífera em uma estação espacial hipermoderna que dança no espaço intergaláctico ao som de uma valsa de Strauss.

Galáxias I: Todo esse céu é um deserto de corações pulverizados, peça com direção de Luiz Felipe Reis e dramaturgia original do próprio diretor construída a partir de um diálogo com a obra do escritor argentino J.P. Zooey, começa com uma sugestão parecida: dois televisores dispostos nas laterais do palco mostram antigas imagens em preto e branco de um ritual indígena e, na sequência, num corte seco *à la 2001*, o lançamento de um foguete que explode, ao vivo e em cores, ainda antes de sair da atmosfera.

Trata-se, para Kubrick e para Reis, de entender como o progresso científico, em vez de criar na Terra o paraíso tecnológico sonhado pelos primeiros iluministas, acabou produzindo catástrofes naturais e humanas sem precedentes, que em breve podem precipitar o fim do mundo.

A peça, de inequívocas tintas apocalípticas, acompanha o modo como seus três protagonistas leem, na realidade que os circunda, os sinais do fim do mundo e tentam, de algum modo, reagir a ele.

A narrativa estrutura-se em torno das palestras filmadas e das cartas que um velho professor (vivido com carisma por Leo Wainer) escreve para sua irmã ausente. Em uma inversão de meios cenograficamente instigante, as cartas são encenadas como videoconferências, com o ator se filmando no fundo do palco e sua imagem sendo duplicada em primeiro plano por duas grandes telas quase transparentes. Já as videoconferências são performadas ao vivo, com o ator endereçando-se diretamente à plateia, como em um Ted-Talk.

A tese mais interessante defendida pelo professor é a de que os seres humanos não teriam vindo dos macacos, mas dos pássaros, e de que a nossa tarefa seria aprender a ouvir o canto dos pássaros, o canto da Terra e da Natureza, aí incluídos os planetas do sistema solar. Segundo o professor, esses planetas teriam uma mensagem a nos transmitir, uma mensagem que poderia talvez impedir o fim do mundo. Mas essa mensagem seria praticamente impossível de decodificar em meio aos ruídos caóticos da assim chamada civilização.

Com o suicídio do velho professor, seus dois vizinhos, um escritor (Ciro Sales) e uma atriz (Julia Lund) herdam o seu arquivo e a sua obsessão por encontrar um sentido menos desértico para seus corações pulverizados, condenados ao tédio e à apatia da vida moderna.

Galáxias não fornece respostas nem aos delírios metafísicos do velho professor nem à angústia burguesa dos dois artistas, mas nos convida a ouvir a voz das pessoas para quem o fim do mundo não é nenhum fim do mundo, para quem o fim do mundo é todo dia.

18/11/2018

9. Há muitas coisas piores que a morte
Crítica da peça *As crianças*

Frequentemente, o título de uma obra é um enigma que, uma vez decifrado, abre um caminho privilegiado para sua compreensão. Basta lembrar de um conto como "A terceira margem do rio", de Guimarães Rosa. Ou de um filme como *Persona*, de Ingmar Bergman.

As crianças, texto de Lucy Kirkwood em cartaz no Teatro Poeira, porta um desses títulos enigmáticos. Afinal, o que vemos em cena é um casal de engenheiros nucleares na casa dos 60 anos que recebe a visita de uma antiga colega de trabalho que não viam há mais de 30 anos. Nenhum dos três vértices desse antigo triângulo amoroso é mais, literalmente falando, uma criança. No entanto, alguns elementos cênicos (pirulitos e um cavalinho de pau) e o próprio cartaz do espetáculo parecem apontar em direção oposta: nele, Analu Prestes, Mario Borges e Stella Freitas (uma Giulietta Masina rediviva), que aderem a seus personagens com uma humanidade que só a experiência ensina, estão fazendo bolas de chiclete.

O que essas pessoas, já no terço final de suas vidas, teriam ainda de crianças?

O contexto do reencontro é, de certa forma, apocalíptico: a usina nuclear que os três ajudaram a construir acabara de passar por uma explosão que coloca em perigo a vida de todos. O desenrolar da trama estrutura-se em torno de uma questão ética: o que fazer quando a própria possibilidade da vida em nossa terra está ameaçada? Simplesmente seguir vivendo como se nada estivesse acontecendo? Ou, mesmo que isso implique o sacrifício da própria vida, agir no sentido de evitar uma catástrofe ainda maior?

Essa questão ética, que poderia ter sido tratada de forma psicologizante e moralista, acaba adquirindo uma ressonância maior por conta de uma dramaturgia cheia de humor e pela opção de ir revelando as múltiplas camadas dos três protagonistas de forma antes épica (ou memorialística) do que dramática. Não apenas as rubricas são ditas em cena, como há entrechos narrativos bastante líricos que Mario Borges diz como se fosse o narrador onisciente de um romance novecentista.

O jogo entre os três atores, orquestrado com simplicidade e precisão pelo diretor Rodrigo Portella, é o ponto alto do espetáculo. Embora estejamos diante de três pessoas que aparentemente têm mais passado do que futuro, o fato de que se agarrem à vida e a seus pequenos grandes prazeres — "Eu não sei querer menos", diz uma personagem — é um bálsamo em tempos como os nossos.

Retorna a questão: por que "crianças"?

No plano do enredo, talvez, porque os personagens vivem de forma lúdica e espontânea, sem papas na língua, apesar das antigas mágoas e tensões. Brigam muito, mas sabem fazer as pazes. No plano da atuação, porque Analu, Mario e Stella brincam entre si o tempo todo, usando os registros épico, lírico e dramático como se fossem brinquedos e deixando claro o quanto é gostoso estarem os três ali. Juntos e olhando a vida no branco do olho.

Como crianças temerárias ávidas pelo gosto de uma nova primeira vez, eles ensinam que há muitas coisas piores que a morte.

18/01/2019

10. A visita cruel do tempo
Crítica da peça *A próxima estação:*
Um espetáculo para ler

"Todos os grandes filmes de ficção tendem ao documentário, assim como todo grande documentário tende à ficção", escreveu o jovem Godard. Por mais provocativa e talvez verdadeira que seja essa afirmação, ela tem o inconveniente de não permitir qualquer diferenciação entre uma apresentação direta (ou documental) e uma representação indireta (ou ficcional) da realidade.

Em meio à atual crise política, é compreensível que a maior parte dos espetáculos prefira uma abordagem documental. O esforço é quase sempre o de tomar uma posição clara, de denúncia ou de interpelação moral, diante dos dilemas da nossa sociedade. Ganha-se em contundência, mas perde-se em sutileza. E não raro é reservado um lugar secundário à elaboração estética — à ficção!

Por isso, é um bálsamo assistir a um espetáculo assumidamente ficcional como *A próxima estação: Uma peça para ler*, com texto e direção do italiano Michele Santeramo e uma atuação tecnicamente impecável e comovente de Cacá Carvalho.

Como um instrumentista, Cacá tem diante de si unicamente uma estante de partitura sobre a qual, ao entrar em cena, ele coloca o texto do espetáculo. Sua leitura transforma os diálogos entre os protagonistas e os trechos narrativos da peça em notas musicais. Tão ou mais importante do que a descrição dos acontecimentos são o tom, a atmosfera, o ritmo, as pausas e respirações milimetricamente construídos pelo ator.

Ao lado dele, uma grande tela reproduz, sem pressa, as belas ilustrações de Cristina Gardumi, que apresenta visualmente os protagonistas da história. O fato de serem retratados como animais com comportamentos e gestos humanos é uma evidente tomada de partido em nome de uma representação indireta da realidade e de uma elaboração estética plena de ressonâncias e ambiguidades.

Ao contar a história da relação de Violeta e Massimo entre 2015, quando ambos têm 30 anos, e 2065, quando morrem de mãos dadas aos 80 anos, o espetáculo realiza uma das grandes vocações da ficção: a possibilidade de retratar toda uma vida, do nascimento à morte, e assim permitir uma visão panorâmica da existência. Sem essa visão total, já ensinava o velho Édipo, é impossível chegar a um veredito sobre o sentido de uma vida: "Guardemo-nos de chamar um homem feliz antes que ele tenha transposto o termo de sua vida sem ter conhecido a tristeza."

Se o teatro dramático tradicional, de corte aristotélico, retratava um grande acontecimento — um "drama na vida" — que causava uma reviravolta na existência de alguém, no teatro contemporâneo, filho do romance, busca-se retratar a vida em sua inteireza, com toda sua banalidade e seu brilho fugaz.

Nesse "drama da vida", o grande protagonista é o tempo. A passagem do tempo. A expectativa da morte, da "próxima estação". Diante do fim, a revisão da própria trajetória pode ser dolorosa. Mas o olhar talvez cruel desse deus que devora todos os seus filhos pode hoje adquirir outro sentido. Afinal, se tudo passa, também a atual distopia em que vivemos há de passar.

12/02/2019

11. Um outro "fim de partida" é possível
Crítica da peça *Jogo de damas*

Em *Sobre o conceito da face do filho de Deus*, o encenador italiano Romeo Castellucci conta a história de um filho que cuida do pai idoso sob a supervisão de uma gigantesca imagem do rosto de Jesus Cristo. O ator que encarna o pai é ele próprio muito idoso e entra em cena vestindo apenas uma fralda geriátrica, por cujas laterais escorrem fezes. O olhar do filho de Deus oscila entre a piedade, a súplica e a ameaça. Como você cuida de seus pais em vias de desaparecerem? Como lida com a decadência de seus corpos? Com o espetáculo da morte em ação? Com a consciência da própria finitude?

No espetáculo de Castellucci, como é típico nos "teatros do real", a presença material do corpo de um homem idoso todo cagado em cena é determinante para o incômodo produzido nos espectadores. Já em *Jogo de damas*, da companhia Amok Teatro, com direção de Stephane Brodt e Ana Teixeira, questões análogas são formuladas, mas o modo de apresentá-las é radicalmente outro. Contrariando uma certa tendência documentária do teatro contemporâneo, que não raro apela para o sensacionalismo na ostentação de "corpos reais", a opção é por um rigor minimalista na construção de uma situação "ficcional" aparentemente sem saída.

A falta de saída pode ser lida ao menos em duas chaves: uma histórica e a outra existencial. Por um lado, trata-se de um mundo em ruínas, quase irrespirável, onde tudo o que resta é a repetição nauseante da dominação do homem pelo homem — ou, no caso, de uma velha empregada por uma madame presa a uma cadeira de rodas e a um jogo absurdo que naturaliza a opressão de classe. Por outro lado, a ausência de saída tem a ver com o fato de que, desde o berço, estamos todos condenados à morte.

Em cena, dois atores experientes — o próprio Brodt e Gustavo Damasceno — representam as duas anciãs na iminência do fim. O programa do espetáculo afirma que "os atores se inspiraram em suas próprias mães: duas velhas mulheres que enfrentam as dificuldades da senilidade com suas dores, medos e solidão."

Nesta "homenagem dos filhos para suas mães", bela forma de cuidado, o rigor na composição física, no cenário e nos figurinos que caracteriza o trabalho do Amok Teatro desde os seus primórdios é associado à música do compositor estoniano Arvo Pärt. E sobretudo a uma espécie bem peculiar de humor. Há rigor e há humor diante da possibilidade de encarnar duas senhorinhas muito velhas e cheias de manias, experimentando na própria carne suas dores e delícias. Rigor e humor na construção de uma metalinguagem que, como em Beckett, expõe as engrenagens do jogo teatral. Rigor e humor, em suma, como antídoto diante do medo da morte.

"O fim está no começo e, no entanto, continua-se", escreveu Beckett em *Fim de partida*, inspiração fundamental do trabalho. Alterando subversivamente o final da peça de Beckett, a dramaturgia de Stephane Brodt afirma: até o fim do fim, sempre é possível acreditar na possibilidade de virar esse jogo de damas, de encontrar uma porta mesmo ao pé de uma parede sem portas.

05/07/2019

Arte

12. A primeira aventura é a vida
Crítica da peça *A última aventura é a morte*

O que acontece quando um poema nos afeta de verdade? O que se passa em nós quando uma criação nos atinge fisicamente, como um soco no estômago ou uma descarga elétrica de fio desencapado? Que tipo de reações a energia bruta contida em uma obra de arte é capaz de desencadear? Que associações provoca? Quais memórias evoca? Que sons e imagens é capaz de arrancar às profundezas do inconsciente e trazer à expressão?

A última aventura é a morte, da Cia PeQuod, pode ser interpretada como um ensaio em torno dessas questões. Ensaio de uma densidade extraordinária, inspirado na "Nota 409", um dos últimos poemas escritos pelo dramaturgo alemão Heiner Müller, ele próprio um artista-ensaísta obcecado por pensar a relação entre recepção e produção, crítica e criação.

Mais do que simplesmente encenar um poema de Müller em ótima tradução de Leonardo Munk, a Cia PeQuod, sob a direção de Miguel Vellinho, consegue restituir de forma esteticamente impactante o que talvez seja o cerne do gesto mülleriano: a produção de obras que nascem como leituras subversivas de peças canônicas do teatro ocidental (*Hamlet*, *Medeia*, *Filoctetes*) e se caracterizam por propor relações sempre surpreendentes entre esses textos e outros textos, imagens, sons e acontecimentos políticos. Pensar em Heiner Müller é, de algum modo, pensar na arte da montagem, na lida o mais livre possível com linguagens, tempos e espaços absolutamente heterogêneos.

Ao entrar no teatro III do CCBB esperando ver uma "peça de teatro", o espectador é imediatamente surpreendido: não há cadeiras, apenas um quadrilátero vazio. Temos, portanto, o privilégio de nos deslocar livremente pelo espaço. Assim, nunca nos é dado esquecer a materialidade do nosso próprio corpo e o modo como a realidade se transforma quando mudamos de posição.

Em cima da porta de entrada e na parede oposta, duas imensas telas de cinema projetam ininterruptamente fragmentos de filmes e imagens que dialogam com as inúmeras referências contidas no poema de Müller. Nas duas outras paredes, em momentos sempre imprevistos, portas de correr são abertas: vemos então os corpos dos atores da Cia PeQuod (Diego Diener, Liliane Xavier, Maksin Oliveira, Mariana Fausto, Miguel Araújo e Paulo de Melo), não raro manipulando bonecos, criando outras tantas imagens que desdobram as sugestões contidas no poema "Nota 409".

Essa atmosfera tão rica em referências visuais é adensada pelos sons que nos afetam continuamente e pela voz imponente de Osmar Prado, que narra o poema de Müller na íntegra. O ambiente como um todo compõe uma verdadeira instalação cênica, que não apenas traduz fielmente a poética de Müller, como também expande o próprio conceito de "teatro", obrigando-nos a rever alguns de nossos preconceitos sobre essa arte tão antiga.

Coroando essa experiência cênica radical, vemos penduradas no teto belíssimas esculturas em arame de pequenos corpos humanos nas mais diversas posições. Eles parecem nos observar. Se a última aventura é a morte, nos diz a Cia PeQuod, a questão é saber como nós, os vivos, haveremos de retornar o exigente olhar que os mortos lançam sobre nós.

09/12/2018

13. Poesia concreta
Crítica da peça *Uma frase para minha mãe*

O teatro hoje se tornou uma forma radicalmente aberta. Por mais que seja equivocado falar na "morte do drama", é fato que a literatura dramática em sentido estrito, baseada em diálogos entre personagens que tendem ao conflito, há muito deixou de ser o único ponto de partida para o fazer teatral. Há inúmeras peças de teatro que mais se parecem com um romance, ou um relato autobiográfico, ou um show, ou um filme, ou um comício, ou uma aula, ou uma performance, ou uma instalação, ou ainda algo sem nome. Se, no teatro como na vida, a pureza é um mito, as possibilidades de combinação de todas essas formas são virtualmente infinitas.

Uma frase para minha mãe, solo com direção e atuação de Ana Kfouri a partir do livro homônimo de Christian Prigent, em tradução luciferina de Marcelo Jacques de Moraes, é uma peça de teatro que é um poema concreto. A atriz parte do "cu" que habita o "es-cu-ro" da boca, do útero, da sala teatral e de uma linguagem que não se deixa reduzir a mera comunicação de conteúdos, para brindar o espectador com um fluxo de palavras ditas como se fossem frutas saborosas e de gosto exótico.

Ainda que o nome do espetáculo dê a pista falsa de que se trataria de uma singela declaração de amor de um filho para sua mãe, nem mãe nem filho aparecem na peça como personagens dramáticos dotados de uma psicologia individual e tampouco há qualquer linearidade na narrativa. O que se vê, mais com os ouvidos do que propriamente com os olhos, é todo o esforço e todo o gozo de uma performer que faz de seu corpo um instrumento musical enquanto brinca com os sons da língua e passeia livremente entre os blocos de madeira dispostos pelo cenário, os quais evocam os blocos de palavras dispostos de formas sempre imprevistas na página de um poema concreto.

Arnaldo Antunes, na canção "As coisas", dá uma definição sintética da utopia do concretismo, que é também a utopia de *Uma frase para minha mãe*. Ele canta: "As coisas têm peso, massa, volume, tamanho, tempo, forma, cor, posição, textura, duração, densidade, cheiro, valor, consistência, profundidade, contorno, temperatura, função, aparência, preço, destino, idade, sentido. As coisas não têm paz."

As coisas mais emblemáticas, para o poeta concreto, são as palavras. Se o que tira a paz das palavras é a sua fixação em um sentido único, então restituir às palavras a sua paz é dar a ver e a ouvir as palavras como objetos, como pequenas esculturas visuais e sonoras. Na página em branco do livro, isso implica acabar com uma escrita linear e dispor as palavras de formas tipograficamente inéditas, chamando a atenção para o tamanho e o volume das letras, sua posição relativa na página e tudo o mais que aproxima a poesia das artes visuais. Já na página em branco da língua, da poesia como performance vocal, isso significa sublinhar mais a musicalidade das palavras do que o seu significado, brincar com o parentesco sonoro entre palavras semanticamente distantes como se fossem notas de uma música instrumental. E, claro, criar jogos de palavras, infinitos trocadilhos.

Se é mesmo verdade que trocadilho é quando uma palavra entra de férias, *Uma frase para minha mãe* é como um mergulho dominical no oceano da linguagem.

31/08/2018

14. Quando a poesia venta forte
Crítica da peça *Negra palavra: Solano Trindade*

"Que merda é a vida do João./ Não tem o que comer./ Não tem o que vestir./ Não tem o que calçar./ Não tem com quem amar./ E é anticomunista", escreveu Francisco Solano Trindade (1908-1974), um dos grandes poetas brasileiros. Além de poeta, Solano foi também militante do Movimento Negro, do Partido Comunista, pintor, ator, teatrólogo e fundador do Teatro Popular Brasileiro. Apesar de tudo o que foi e o que fez, ressoa uma pergunta incômoda: você conhece Solano Trindade?

O fato de a maior parte das pessoas ainda responder negativamente a essa pergunta diz muito sobre o racismo estrutural da sociedade brasileira. O esquecimento, como sempre souberam os tiranos, é uma forma eficiente de assassinato. Não é por acaso, portanto, que, num momento de ampliação da visibilidade dos teatros negros e de fortalecimento de suas legítimas demandas por reparação e representatividade, duas montagens teatrais recentes dediquem-se à memória do poeta.

Se *Solano: Vento forte africano* era um trabalho com uma estrutura biográfica mais convencional, apoiado na presença luminosa do ator Val Perré como Solano e no entrecruzamento de episódios da vida com fragmentos da obra do poeta, *Negra palavra: Solano Trindade* opta por uma composição polifônica. Partindo do pressuposto de que o mais importante na vida de um artista é sua obra, o roteiro de Renato Farias contenta-se em encontrar a ordem mais justa para a apresentação de 44 poemas de Solano, sem quaisquer interpolações ou comentários. Tendo em vista que a poesia de Solano contém elementos autobiográficos explícitos, essa opção dramatúrgica consegue satisfazer a demanda pedagógica por informações sobre a vida (e o lugar de fala) do poeta sem negligenciar a riqueza formal de sua obra.

Para quem gosta de poesia, é por si só um prazer sentar em um teatro durante 60 minutos para ouvir poemas de amor e de luta, que não têm vergonha de nos convidar abertamente à revolução — palavra cujo frescor ainda precisa ser recuperado. Mas o espetáculo vai além: dirigido em parceria por Orlando Caldeira (do Coletivo Preto) e por Renato Farias (da Companhia de Teatro Íntimo), os dez atores negros em cena (Adriano Torres, André Américo, Breno Ferreira, Drayson Menezzes, Eudes Veloso, Jorge Oliveira, Leandro Cunha, Lucas Sampaio, Orlando Caldeira, Rodrigo Átila e Thiago Hypolito) não apenas se revezam na recitação (coralizada e coreografada) dos poemas escolhidos. Eles permitem que seus próprios corpos sejam metamorfoseados pelas palavras que fazem ressoar, por todo o movimento, a energia e o bom humor dos versos de Solano. Nessa gira cheia de ginga, o poeta é salvo do esquecimento e da morte.

Ensinando que as palavras, como os corpos, não são neutras, que as utopias (ou distopias) políticas dão sempre as tintas de tudo que se diz ou escreve, *Negra palavra: Solano Trindade* é exemplo vivo do quanto a poesia ainda pode ventar forte, desarrumar o arrumado e promover o feliz engajamento de seus ouvintes.

31/01/2020

15. Titânica subversão do teatro musical
Crítica da peça *Cabeça: Um documentário cênico*

O problema da maior parte dos musicais biográficos é sua linguagem excessivamente pré-codificada, marcada por uma alternância mais ou menos previsível entre cenas (faladas) retratando episódios da vida do artista e cenas (cantadas) apresentando seus grandes sucessos. Independentemente da singularidade da obra do biografado da vez, em geral um grande vulto da música popular brasileira, há uma tendência quase inescapável de apresentar suas canções como reflexo de experiências pessoais decisivas. O pressuposto é o de que haveria uma relação causal direta entre vida e obra. Como sabem os próprios artistas, entretanto, por mais que a relação entre vida e obra não possa ser negligenciada, tampouco ela deve ser sobrevalorizada. As obras de arte mais significativas sempre transcendem as intenções e o contexto imediato de seus realizadores.

Não fosse assim, seria difícil de explicar como autores tão distantes no tempo e no espaço — como Eurípides e Shakespeare, por exemplo — permanecem absolutamente contemporâneos. Isso, claro, tem a ver com a qualidade e a clarividência do que escreveram. Mas, talvez de forma ainda mais decisiva, tem a ver com a história de sua recepção, com as vidas de todos os anônimos que, tocados por suas obras, fizeram-nas nascer de novo, mesclando-as a experiências pessoais e referências singularíssimas.

E se a recepção de uma obra de arte for tão ou mais decisiva para a sua sobrevivência do que os acontecimentos que marcaram a sua produção?

A grande subversão operada por *Cabeça: Um documentário cênico*, escrito e dirigido por Felipe Vidal, tem a ver com a desidealização da figura do artista genial e, consequentemente, com a crítica à estrutura canônica dos musicais. Nesse trabalho, pouco importam as vidas dos Titãs. O foco do interesse são "apenas" as canções de seu disco mais emblemático, *Cabeça dinossauro*, lançado em 1986, cujas músicas são tocadas ao vivo na ordem em que aparecem no lado A e no lado B do LP original.

Para os fãs da banda, só essa proposta já valeria uma ida ao teatro. Mas, transcendendo a "empatia fácil" com canções que marcaram época, o que a dramaturgia propõe como comentário e desdobramento das canções é uma verdadeira viagem de volta ao passado, uma proustiana *em busca do tempo perdido* com roupagem pop.

As *madeleines*, no caso, são servidas pelos Titãs e temperadas pelos acontecimentos que marcaram o ano de 1986, como o dragão da inflação, o Plano Cruzado, os fiscais do Sarney, o sucesso de Jimmy Swaggart (pai de todos os neopentecostais que hoje assumiram o poder) e inúmeras outras referências que calam fundo em quem viveu aquela época. Mas o cerne da experiência do "tempo reencontrado" não se encontra no âmbito público, e sim no mais íntimo de cada um dos performers.

Ao contarem como cada uma das músicas do disco marcou indelevelmente a vida de cada um, os oito atores em cena

(Felipe Antello, Felipe Vidal, Guilherme Miranda, Gui Stutz, Leonardo Corajo, Lucas Gouvêa, Luciano Moreira e Sergio Medeiros) fazem um convite irrecusável a seu público: que assumamos a coautoria das obras que amamos. Como diz o adágio popular, "de crítico e louco, todo mundo tem um pouco".

18/10/2019

16. Mona Lisa ainda é capaz de sorrir
Crítica da peça *Domínio público*

A estreia de *Domínio público* no Festival de Curitiba, em março de 2018, foi muito mais do que a estreia de uma peça de teatro. Só os historiadores do futuro poderão dimensionar o alcance desse evento.

Em um teatro absolutamente lotado, setecentas pessoas esperavam para ver quatro artistas que, por razões distintas, recentemente haviam sido vítimas de uma violenta perseguição nas redes sociais e de inúmeras tentativas de silenciamento. Tendo em vista o absoluto sigilo que envolveu a concepção do espetáculo, o teatro pulsava em torno de uma única questão: como eles vão responder esteticamente a essa violência desmedida?

Começado o espetáculo, as expectativas mais óbvias foram tombando como peças de dominó: 1) eles não ficam em cena juntos em nenhum momento; 2) são sóbrios na movimentação corporal; 3) estão vestidos; 4) valem-se do dispositivo da "conferência não acadêmica" ou da "peça-palestra" para, um após outro, fornecer suas distintas interpretações da Mona Lisa, de Leonardo da Vinci; e 5) não, não respondem de maneira imediatamente reconhecível a nenhuma das violências que sofreram. Reagir de uma maneira esperada a uma opressão já é aceitar os termos do opressor.

Wagner Schwartz, Renata Carvalho, Maikon K e Elisabeth Finger propõem um exercício de uma simplicidade desconcertante: em vez de falarem como artistas ciosos da necessidade de instruir ou de aplacar a angústia da plateia, optam por se colocar, eles próprios, no lugar do público. Instauram, assim, um outro domínio público, uma outra maneira de nos relacionarmos com a arte, bem distinta daquela de que foram vítimas.

Convidando-nos a fruir e a debater sem pressa e sem preconceitos o mais famoso de todos os quadros, construindo interpretações irônicas, contraditórias e absolutamente pessoais da "mesma" obra, mostram concretamente que a pluralidade é uma riqueza e que a vida da arte, assim como a da democracia, depende do incansável exercício de aproximação do outro, do que não se deixa decifrar definitivamente, do sorriso de Mona Lisa.

02/11/2018

17. O crítico artista
Crítica da performance *A boba*

A Mostra Internacional de Teatro de São Paulo (MITsp), atualmente em sua 6ª edição, é o melhor festival de teatro do Brasil. Não apenas pela qualidade das peças internacionais que já conseguiu trazer, mas em igual medida pelas atividades paralelas que são promovidas. Trata-se de um festival de teatro que reconhece que o fenômeno teatral é muito mais amplo do que a mera fruição de espetáculos bem-feitos e que depende fundamentalmente do desdobramento do germe crítico contido nas peças. Seja na forma de conversas diárias com os artistas envolvidos em cada trabalho, de debates entre artistas e intelectuais, seja de críticas publicadas online no dia seguinte a cada apresentação, o objetivo da MITsp é sempre o de potencializar a reflexão contida nas obras e vê-las como miniaturas dos impasses do nosso tempo.

Não poderia haver contexto mais adequado para a estreia da performance *A boba*, de Wagner Schwartz. Como em seus dois trabalhos anteriores — *La bête*, em que materializava com seu próprio corpo um dos bichos de Lygia Clark, e *Domínio público*, uma peça-palestra sobre a Mona Lisa, de Leonardo da Vinci —, nesse novo trabalho o artista também realiza uma apropriação bastante pessoal de uma obra icônica da história da arte: a tela modernista de Anita Malfatti cujo título dá nome à performance.

Sozinho em cena e sem fazer uso de palavras ou música, o artista tem como única parceira uma reprodução de *A boba*. Sem jamais soltar a tela, ele realiza uma série de ações que têm uma duração muito mais extensa do que a que seria necessária para simplesmente transmitir uma ideia. Em cada movimento, trata-se de contaminar também os espectadores com a experiência da dificuldade e do esforço físico necessários para "colocar em pé" aquela tela de 1916 sobre o chão do nosso tempo.

Uma vez que a tela foi retirada de seu suporte tradicional e as regras que pautavam a definição, a criação e a recepção da arte foram colocadas em xeque, como encontrar novos suportes que de fato permitam a intervenção da arte na vida, da sensação no pensamento, da razão do corpo em um mundo cada vez mais virtual e totalitário?

A boba fortalece a percepção de que toda a obra recente de Wagner Schwartz é uma pesquisa em torno da criação como crítica, ou da crítica como criação, e pode ser lida como um ensaio em torno das condições para a sobrevivência da arte e da necessidade dos artistas críticos e dos críticos artistas para a sociedade. Mesmo as grandes obras do passado podem morrer se não formos capazes de aviventá-las em novas releituras guiadas pelos impasses do nosso próprio tempo. E o nosso tempo está condenado à indigência (e quiçá ao fascismo) se não formos capazes de encontrar alimentos diferentes em outros tempos e lugares.

É o que nos diz *A boba* no final do espetáculo, quando Wagner finalmente consegue colocar a tela em pé, em equilíbrio precário. Como se recitasse o "Torso arcaico de Apolo", de Rilke, na tradução de Manuel Bandeira, a boba nos encara e provoca: "Força é mudares de vida."

19/03/2019

18. Um experimento ambíguo
Crítica da peça *By heart*

A grande vantagem de acompanhar durante 11 dias um festival com a riqueza da Mostra Internacional de Teatro de São Paulo (MITsp) é a possibilidade de ver em um curto período de tempo espetáculos que, de tão diversos, nos obrigam a rever nossos preconceitos sobre o que é e o que pode ser o teatro. Em sua sétima edição, foram programados 13 espetáculos internacionais e 13 nacionais. Ainda que os organizadores tenham resistido a se deixar paralisar pela pandemia de coronavírus, uma das cinco peças canceladas foi justamente *Sopro*, do português Tiago Rodrigues, artista em foco dessa edição. Felizmente sua outra peça, *By heart*, um ensaio sobre o alcance político-pedagógico do teatro, foi apresentada normalmente.

Ao entrar no teatro para assistir a *By heart*, o espectador depara com dez cadeiras vazias dispostas lado a lado sobre o palco e, em um banco mais alto, o próprio diretor e dramaturgo Tiago Rodrigues, concentrado na leitura de um livro. Seu figurino absolutamente casual — tênis, jeans e camiseta branca — passaria despercebido se não fosse pelos dois retratos em preto e branco estampados na camiseta: na parte da frente, a imagem de Boris Pasternak, escritor russo que conseguiu sobreviver à perseguição de Stalin. Na parte de trás, a imagem de George Steiner, um dos grandes críticos literários do século XX, de cuja obra o dramaturgo tirou o título do espetáculo: "A maior homenagem que podes fazer a um texto que amas é aprendê-lo *by heart* (de cor)."

A proposta do trabalho é singela: dez voluntários devem subir ao palco para aprenderem de cor o soneto 30 de Shakespeare sob a batuta de Tiago. Segundo o dramaturgo, a ideia de levar a plateia a decorar essa joia literária, de transformar os espectadores em "homens e mulheres-livro", como no romance distópico *Fahrenheit 451*, teria sido tomada de empréstimo a Nadezda Mandelstam. Companheira de Ossip Mandelstam, grande poeta russo assassinado por Stalin, ela teria usado esse método de transmissão para salvar os poemas proibidos de Ossip do esquecimento e da morte. Curiosamente, *"nadezda"*, em russo, quer dizer "esperança".

Se, por um lado, a dramaturgia propõe que a arte pode ser uma arma eficaz contra o totalitarismo e o apagamento dos modos de vida dissidentes, a performance do "pedagogo" Tiago é marcada por inquietante ambiguidade. Sua simpatia ostensiva demais, apoiada em um número excessivo de piadas só aparentemente improvisadas, aproxima muitas vezes a experiência de uma "comédia em pé". Essa comicidade rasgada me levou a desconfiar de que a proposta pedagógica inicial é mero pretexto para o protagonista brilhar sozinho sobre o palco, gabando-se de sua invejável mnemotécnica e de todas as línguas que domina. No momento em que os dez voluntários em cena são convertidos em escada (ou massa de manobra) para a ascensão de um maestro que narcisicamente se coloca acima dos músicos de sua orquestra, o delicado ponto de partida democrático do espetáculo se vê abalado.

16/03/2020

19. O dia em que Beckett encontrou Machado de Assis
Crítica da peça *The and*

O trocadilho que dá título ao solo de Isabel Cavalcanti não deixa dúvidas: em vez de evocar "o fim" (*the end*) em sua acepção tradicional — como encerramento, acabamento ou morte — a atriz, diretora (em parceria com Claudio Gabriel) e dramaturga chama a atenção para "o e" (*the and*), para a necessidade de pensar o que vem depois, para a urgência de seguir, para a vida que resiste, apesar de tudo. Como escreveu Beckett, uma das principais inspirações para a construção de *The and*, "o fim está no começo e, no entanto, continua-se".

Em cena, acompanhamos a odisseia de uma pessoa à qual faltam todas as características de uma personagem dramática convencional: não chegamos a conhecer sua idade ou seu nome, sua história ou suas motivações. Aliás, nem ela própria parece conhecê-los. Tudo o que aprendemos dessa pessoa é que ela acaba de sair de uma instituição de caridade e que todas as suas tentativas de encontrar uma nova casa fracassam. E, no entanto, ela segue em sua busca. Sempre.

O fato de que, em meio a lembranças fragmentárias de seu passado e encontros inesperados cujo sentido nunca chega a decifrar, ela aceite estoicamente as sucessivas pioras em suas condições de vida soa enigmático: quem suportaria tantas catástrofes sem esmorecer?

Ainda que os figurinos, a trilha sonora e as mudanças de luz componham uma atmosfera dramática até certo ponto contraditória com a estranheza da protagonista e o sentimento de estrangeiridade que marca sua relação com a vida, a dramaturgia nitidamente exige uma interpretação distante de qualquer realismo: uma interpretação alegórica. No âmbito de uma tal interpretação, perde o sentido a pergunta pelo "quem", pela identidade da "personagem" ou pelo caráter individual de sua trajetória. Trata-se, na melhor tradição beckettiana, de uma imagem condensada da condição humana, da nossa precariedade, mas também da nossa capacidade de resistir.

Essa leitura é reforçada pelo grande achado do espetáculo: a citação de um trecho do "capítulo do delírio" das *Memórias póstumas de Brás Cubas*, no qual, às portas da morte, o defunto autor criado por Machado de Assis vê, no espaço de alguns delirantes segundos, toda a história da humanidade desfilar diante de seus olhos. Se, à luz da filosofia trágica de Machado de Assis, o conhecimento dessa história leva o narrador a se gabar por não ter tido filhos, por não ter transmitido "a nenhuma criatura o legado de nossa miséria", a torção beckettiana operada pelo trabalho de Isabel Cavalcanti nos transmite uma filosofia bem menos niilista: para além de todos os argumentos racionais que teríamos para desistir de uma vida que não é como deveria ser, de um país em que nada está tão ruim que não possa piorar, há a razão do corpo. E o corpo nos impele a seguir, a criar, a inventar estratégias que tornem possível, apesar de tudo, arrancar alegrias das garras do mais profundo sofrimento. Segundo Schopenhauer, muso inspirador de Machado de Assis, apenas essas seriam as alegrias verdadeiras.

19/10/2018

20. Machado de Assis e Guimarães Rosa como dramaturgos
Crítica da peça *Espelhos*

Imagine um mundo no qual a leitura e o pensamento crítico são proibidos. Um mundo em que os bombeiros, em vez de apagarem incêndios, são responsáveis por queimar todos os livros que encontram. Nesse mundo, quaisquer formas de resistência e de criação parecem fadadas ao aniquilamento. E, no entanto, até mesmo nesse mundo algumas pessoas não aceitam se calar. Se os livros são proibidos, só lhes resta uma saída: elas aprendem de cor os livros que amam e os recitam sempre que se apresenta alguém interessado em ouvir. Trata-se dos "homens-livro" e das "mulheres-livro" sonhados por Ray Bradbury em *Fahrenheit 451*, distopia publicada em 1953, cujo título alude à temperatura (233° C) necessária à combustão do papel. O romance de Bradbury tornou-se ainda mais célebre depois de ser filmado em 1966 por François Truffaut.

Com *Espelhos*, Ney Piacentini se tornou um "homem-livro". Ao decorar e trazer à cena, na íntegra, dois dos contos mais importantes da literatura brasileira — "O espelho: Esboço de uma nova teoria da alma humana", de Machado de Assis, de 1882; e "O espelho", de Guimarães Rosa, de 1962 —, a proposta desse experiente ator, conhecido por seus trabalhos com a Companhia do Latão, é a um só tempo singela e radical: apresentando um conto logo após o outro e valendo-se de recursos cênicos bastante distintos em cada metade do trabalho, Piacentini corporifica duas visões da formação da identidade (do Brasil) que, a princípio antagônicas, ganham novas camadas de sentido ao serem colocadas frente a frente.

O texto de Machado é encenado de forma mais sóbria e realista, com pouca movimentação corporal e a típica ironia dos narradores machadianos. Mudando sutilmente de registro entre as partes narrativas e as partes dialogadas do conto, Piacentini tem aí a oportunidade de utilizar certas técnicas de distanciamento do teatro épico brechtiano. O resultado é que ouvimos cada palavra com atenção e interesse, por mais duvidosa que seja a filosofia apresentada.

Já o texto de Guimarães é encenado de modo a sublinhar o descompasso entre o corpo e o pensamento, exigindo grande empenho físico do performer, que aposta em registro absolutamente não realista. Ainda que essa opção traduza uma das teses centrais do "Espelho" de Rosa — o fato de que, em linguagem freudiana, "o Eu não é o senhor de sua própria casa" —, não raro a movimentação excessiva e um certo brilho de loucura nos olhos do ator atrapalham a compreensão de passagens cruciais do conto.

A transposição desses dois textos literários para a cena torna visível que os narradores de Machado e Guimarães, como atores em um solo, se endereçam sem quarta parede a interlocutores silenciosos. Estes, embora fisicamente presentes nos dois contos, devem esperar o fim de ambos os relatos para apresentarem suas próprias impressões. Exatamente como os espectadores de "Espelhos".

Como nos mostra Piacentini, Machado de Assis e Guimarães Rosa escreviam para o teatro mesmo quando este não era o seu objetivo declarado.

12/01/2019

21. Adaptação fria de um romance quente
Crítica da peça *Naquele dia vi você sumir*

Em 2001, Luiz Ruffato publicou *Eles eram muitos cavalos*. Inspirado pelo poema de Cecília Meireles que lhe serve de epígrafe — "Eles eram muitos cavalos,/ mas ninguém mais sabe os seus nomes,/ sua pelagem, sua origem..." —, o romance de Ruffato assume uma tarefa semelhante à dos anjos do filme *Asas do desejo*, de Wim Wenders. Penetrando no isolamento dos corações e mentes de inúmeros habitantes anônimos de uma grande cidade, o romancista, espécie de anjo da história no sentido de Walter Benjamin, faz o gesto essencialmente político de recolher em sua narrativa as vozes, as histórias e a dor de personagens invariavelmente excluídos da história oficial.

Em setenta fragmentos autônomos, ele expõe as entranhas de uma organização social incapaz de garantir os direitos mais básicos a todos os seus membros. O fato de só vermos a vida de cada personagem em um único flash faz com que o fio condutor do romance não seja propriamente a sua biografia, mas sim a dicção singular que cada um encontra — e que o romancista restitui com uma expressividade que lhe rendeu muitos prêmios — para exprimir-se. A forma, como é típico nas obras de arte mais significativas, se sobrepõe ao conteúdo.

Em *Naquele dia vi você sumir*, o Areas Coletivo propõe uma encenação do romance de Ruffato na qual quatro atores (Camila Márdila e Miwa Yanagizawa, do próprio Areas, mais Giordano Castro e Pedro Wagner, do Grupo Magiluth, de Recife) dão corpo e voz a alguns dos personagens de *Eles eram muitos cavalos*.

Por mais que o conhecimento da obra original não seja preccondição para a fruição do espetáculo, o estabelecimento de possíveis paralelos entre a obra original (o romance) e a obra derivada (a peça) é inescapável para quem pretende fazer sua crítica.

A grande questão, neste caso como em muitos outros, é a seguinte: até que ponto a transposição de *Eles eram muitos cavalos* para uma outra linguagem amplificou sua potência? Até que ponto a peça torna visíveis camadas de sentido que de outro modo teriam ficado enterradas? Quem encena uma obra preexistente toma inúmeras decisões, e, como foi mostrado na crítica de *Um tartufo* publicada neste mesmo espaço, essas decisões responderão tanto pelo seu alcance quanto por sua atualidade.

A opção da dramaturgia (assinada por Ismael Caneppele, Liliane Rovaris e elenco) por dividir os episódios do original em fragmentos ainda menores e construir uma narrativa em que um episódio começa e é interrompido por outro, para depois ser retomado mais à frente, dá ao todo um ritmo novelesco que, buscando construir uma espécie de suspense, inegavelmente tende ao dramático. Essa tendência ao dramático não seria um problema se não obscurecesse o pano de fundo épico (político e sociológico) que responde pela potência da obra original e, em larga medida, garante o sentido de montá-la hoje.

Tentando de algum modo corrigir essa tendência, as marcas da direção acabam se tornando muito esquemáticas e a interpretação dos atores busca um distanciamento excessivo, que soa como frieza. Uma frieza incompatível com a calorosa expressividade da linguagem de *Eles eram muitos cavalos*.

05/10/2018

22. Um jogo de cartas marcadas
Crítica da peça *Como se um trem passasse*

O xadrez é um jogo costumeiramente associado à inteligência por uma boa razão: todo e qualquer movimento das peças no tabuleiro exige uma comparação mental entre as inúmeras opções disponíveis, seguida pela escolha do movimento mais desconcertante possível. Quanto menos previsível, mais eficaz ele tenderá a ser.

Em inglês, analogias entre um jogo e uma peça de teatro são imediatas: a mesma palavra (*play*) designa ambas as experiências. A diretora Anne Bogart, da SITI Company, escreveu em seu livro *A preparação do diretor* algo que aproxima o ator do enxadrista: "Estar desperto no palco, distorcer alguma coisa — um movimento, um gesto, uma palavra, uma frase —, exige um ato de necessária violência: a violência da indefinição. Indefinição significa remover os pressupostos confortáveis a respeito de uma pessoa, ou de uma narrativa, e voltar a questionar tudo."

Tendo em vista a vocação do teatro (e da arte em geral) para causar estranhamento e gerar indefinição, mais do que para reforçar preconceitos ou transmitir mensagens edificantes, a peça *Como se um trem passasse*, escrita e dirigida pela argentina Lorena Romanín, se torna sumamente problemática. Afinal, desde os minutos iniciais, somos didaticamente introduzidos à psicologia simplória de cada personagem e imaginamos tudo o que vai lhes acontecer. E nossas expectativas só se confirmam a cada movimento!

Ao entrar no teatro, o espectador depara com um ator trajado como uma criança brincando com um ferrorama. O modo como o ator (Caio Scot) compõe fisicamente o protagonista Juan, cheio de esgares e trejeitos *à la* Hollywood (Dustin Hoffman em *Rain Man* e Leonardo DiCaprio em *Gilbert Grape* são as referências mais óbvias), não deixa margem para dúvidas: trata-se de um menino "especial". Embora aparente ter 8 anos, com o correr da peça entendemos que ele está mais próximo dos 18.

O percurso de seu trenzinho de brinquedo no circuito fechado desse ferrorama contém a metáfora central do espetáculo: depois de viver a vida inteira sozinho com a mãe (Dida Camero) caricaturalmente superprotetora que o mantém preso nesse outro circuito fechado que é sua casa, Juan será levado a descobrir o mundo e seus prazeres com a chegada de sua prima Valéria (Manu Hashimoto). Vinda da cidade grande, essa adolescente simpática e descolada que se comporta exatamente como se espera de uma "adolescente simpática e descolada da cidade grande", fará com que o trenzinho de Juan descarrile e com que ele queira mais da vida do que jamais teria sido capaz de sonhar.

A intenção evidente da direção é que nos identifiquemos afetivamente com as personagens construídas de modo unidimensional, nos emocionemos com as suas previsíveis transformações existenciais e saiamos do teatro com a impressão de ter visto uma peça "bonitinha".

O problema é que, se há algo de especial no teatro (e na vida!), é justamente a ambiguidade; a complexidade; a multidimensionalidade do humano. Três passageiras que, infelizmente, perderam esse trem.

15/03/2019

23. De perto todo mundo é normal
Crítica da peça *Tebas Land*

Em "A terceira margem do rio", de Guimarães Rosa, o narrador, um filho a princípio incapaz de compreender a decisão do pai de abandonar a família para viver em meio à correnteza do rio São Francisco, tão longe tão perto da terra firme, tem no entanto a integridade de recusar a explicação simplória de seus vizinhos para uma decisão assim tão pouco usual: "Na nossa casa, a palavra doido não se falava, nunca mais se falou, os anos todos, não se condenava ninguém de doido. Ninguém é doido. Ou, então, todos."

A mesma postura, a um tempo cética e amorosa, pautada pela tentativa de compreender o outro em seus próprios termos, marca o comportamento do narrador de *Tebas Land*. Instigado por uma notícia de jornal relatando a história de um filho que matou o pai com 21 golpes de garfo no peito e no pescoço, o personagem criado pelo dramaturgo uruguaio Sergio Blanco, que no texto original da peça se chama S. e também é dramaturgo, conta para a plateia como decidiu ir ao encontro desse homem na prisão. Sua ideia inicial era a de convidar o próprio parricida para trabalhar como ator na peça que estava em vias de escrever. Essa peça de teatro, que seria uma espécie de "ensaio sobre o parricídio", se chamaria *Tebas Land*, em referência à cidade natal do parricida mais famoso da história do Ocidente: o rei Édipo.

A proposta dramatúrgica de Sergio Blanco institui uma temporalidade até certo ponto paradoxal: nessa "peça em vias de se fazer" vemos simultaneamente o passado e o presente, todas as decisões que foram tomadas em algum momento do passado e o modo como concretamente se materializam no presente diante dos nossos olhos.

Essa justaposição das camadas do tempo e o fato de que estamos diante de um processo que parece ainda em aberto dá aos espectadores a gostosa sensação de que estaríamos sendo convidados a interromper a peça a qualquer momento para discutir com os atores e o diretor se as soluções encontradas para os problemas estéticos e éticos levantados pelo espetáculo seriam de fato as melhores.

Convite feito, convite aceito.

Embora o personagem do narrador seja vivido com precisão por Otto Jr., que conversa coloquialmente com a plateia como se falasse em seu próprio nome, seguindo à risca a proposta de conciliar autoficção e metateatro, parece bem mais discutível a opção de construir de forma psicopatológica o personagem do parricida. O excesso de trejeitos corporais e a fala truncada da figura encarnada por Robson Torinni, em vez de chamarem a atenção para a sua humanidade, acabam por esboçar o retrato de um homem distante da normalidade, digno de temor ou de compaixão.

O tom excessivamente dramático e psicologizante impresso pela direção de Victor Garcia Peralta, sublinhado pela trilha sonora e a iluminação do espetáculo, enfraquece o elemento mais perturbador e provocativo da proposta dramatúrgica de Sergio Blanco: a constatação de que alcançar a maturidade — e não é casual o número de 21 golpes — sempre implica uma forma de parricídio.

20/12/2018

24. *Bigger than life*
Crítica da peça *A ira de Narciso*

David Carradine, astro de Hollywood que tinha acabado de viver o inesquecível Bill em *Kill Bill*, de Quentin Tarantino, foi encontrado morto dentro do armário em um hotel de Bangkok. Ele estava nu, com cordas amarradas no pescoço e no pênis. As causas da morte jamais foram inteiramente esclarecidas. É não obstante irônico que, depois de tantos filmes de ficção, a imagem definitiva do ator seja esta: a imagem real de um homem miseravelmente nu e sozinho, morto em circunstâncias duvidosas.

Antigamente, costumava-se dizer que um grande filme era *bigger than life*, maior do que a vida. Hoje, os filmes mais aclamados se dizem "baseados em fatos reais". Indiscutivelmente, a hiperprodução de imagens narcísicas que infestam as redes sociais, nas quais todo mundo se torna o protagonista meio heroico da própria vida, teve efeitos sobre o reino da criação artística e borrou as fronteiras entre realidade e ficção.

Nesse contexto, é preciso se perguntar o que o gênero da autoficção, no qual o ator, diretor e dramaturgo uruguaio Sergio Blanco é um mestre, aporta de novo à produção compulsiva de autoficções, que é a marca de nosso tempo. A resposta a essa pergunta não é simples, mas o espetáculo *A ira de Narciso*, com texto do próprio Blanco, direção de Yara de Novaes e uma atuação sublime de Gilberto Gawronski, abre diversos caminhos a essa reflexão.

Se a autoficção se define como um tipo de obra em que o autor, o narrador e o protagonista atendem pelo mesmo nome, nisso aproximando-se da autobiografia, a primeira coisa que ressalta no próprio conceito de autoficção é uma tomada de partido radical: sim, se trata de uma "escrita de si", mas de uma escrita que, ao contrário daquelas que se praticam cotidianamente nas redes sociais e nas autobiografias comerciais, é absolutamente consciente de seu caráter ficcional, artificial, poético.

Ao contar a história de sua ida a um congresso de intelectuais em Ljubljana, capital da Eslovênia, Blanco está menos interessado no lado A — sua vida de acadêmico que dará uma conferência sobre o olhar de Narciso como metáfora para o olhar do artista — do que no lado B — todos os encontros que cercam um congresso como esse: os encontros previsíveis e formais com os "colegas de universidades europeias", que ele ridiculariza sem pudor, mas também os imprevisíveis encontros sexuais com desconhecidos propiciados pelos novos aplicativos.

À la Tarantino, no entanto, Blanco/Gawronski não apenas problematiza a "verdade histórica", mas ainda acrescenta à vertente mais autobiográfica de seu relato a tentativa até certo ponto caricata de solucionar um crime hediondo que teria acontecido em seu quarto de hotel. Brincando deslavadamente com as convenções de gêneros distintos (romance policial, peça-palestra, literatura erótica), ele forja uma tese inspiradora: irado contra a finitude, Narciso/o artista é aquele que se mostra capaz de controlar (e assim burlar) a própria morte.

Tudo, menos morrer dentro do armário!

25/01/2019

25. A vida é cheia de som e fúria
Crítica da peça *Fúria*

Na tentativa de comunicar o estado em que o trabalho mais recente da Lia Rodrigues Companhia de Danças deixou muitos espectadores em sua estreia no Brasil, no Festival de Curitiba, imaginei um exercício (uma espécie de programa de performance) que pode durar entre dez minutos e duas horas.

Fúria. Fú-ri-a. Fú-ria. F-ú-r-i-a... Repetir essa palavra inúmeras vezes, experimentando divisões silábicas diferentes; testando velocidades, ritmos e potências variadas no jeito de gritar ou de sussurrar; tentando lembrar o quanto dizer uma palavra, qualquer palavra, é um ato antes de tudo físico; lutando para não esquecer que todo sentido é uma construção artificial, uma maneira singular de lidar com o atrito, a atração e a repulsa entre as letras. Repetir a palavra "fúria" inúmeras vezes, até entrar em uma espécie de furor, tratando cada letra como um corpo e sentindo na pele que não há nenhum encaixe natural; repetir essa palavra lembrando que o trabalho com a linguagem, mesmo o mais cotidiano, é uma dança na qual as imagens brotam e se desfazem o tempo todo; repetir furiosamente a palavra "fúria" até entrar em transe, até sentir corporalmente o quanto o significado das coisas é sempre precário e dependente do contexto e da qualidade da presença de quem dança.

O espetáculo *Fúria* dura aproximadamente 80 minutos. Depois de um brevíssimo início sem música, em que os nove performers em cena se movimentam muito lentamente, como retirantes em uma tela de Portinari, uma música invade o teatro. Trata-se de um fragmento de pouco mais de um minuto de uma canção da Nova Caledônia que evoca sons de raízes indígenas produzidos pelos pés dos dançarinos no espetáculo anterior da Companhia, *Para que o céu não caia*. É como se a sonoridade daquele espetáculo vazasse para dentro deste. A longa duração da música, repetida em looping por mais de uma hora, vai penetrando cada nervo do corpo, deixando os espectadores, tanto quanto os performers, em uma espécie de transe.

O trabalho da coreógrafa Lia Rodrigues, como poucos na cena contemporânea, tem essa propriedade de tomar fisicamente os espectadores, deixando a máquina de produzir sentidos que é nosso cérebro provisoriamente entorpecida. É uma verdadeira aula de como criar uma relação eminentemente corporal, sinestésica, entre palco e plateia. Sobre a base desse encontro eminentemente sensorial, tudo o que há de discursivo no teatro se torna secundário.

Ainda que os performers montem e desmontem diante de nós, como em um "cinema pobre", inúmeras imagens alegóricas bastante incômodas da dominação e da violência de gênero e de raça que flagelam o Brasil, a transfiguração poética da realidade operada pela cena tende à abstração. Tudo é familiar e estranho a um só tempo. Nessa operação, o espectador é obrigado a lidar, sem maniqueísmos, com a complexidade e as contradições da nossa realidade social; a produzir suas próprias imagens de um outro mundo possível.

Fúria estreia no Rio de Janeiro em julho, na sede da Lia Rodrigues Companhia de Danças, no Complexo da Maré. Trabalho para não perder.

12/04/2019

Amor

26. Aprendendo a morrer (de amor)
Crítica da peça *Fim de caso*

Como começa um amor? Como se mantém? Como termina?

Dificilmente há questões mais exploradas do que essas no cinema, no teatro, na música. Por mais convincentes que sejam as tentativas de resposta, trata-se de questões que permanecem em aberto. Como uma ferida.

Dentre as respostas mais instigantes, vale lembrar daquela dada pela massagista de *Janela indiscreta*, filme de Hitchcock, a um James Stewart curiosamente incapaz de se apaixonar por Grace Kelly. Ao ouvir dele que Grace Kelly "é perfeita demais, talentosa demais, bonita demais, sofisticada demais. Tem tudo em excesso, menos o que eu quero", ela retruca: "O amor não tem nada a ver com uma entrevista de emprego. O amor é como uma batida de dois táxis na Broadway."

A mesma oposição entre pragmatismo e romantismo; o cálculo racional e o elogio do acaso dos encontros; a pretensa paz do casamento e os desvarios da paixão encontra-se na oposição entre Henry, funcionário público exemplar, e Bendrix, escritor que busca na vida e na arte a intensidade máxima. Eles são os dois vértices de um triângulo completado por Sarah, esposa de Henry e amante de Bendrix.

Depois de alguns anos de um tórrido caso de amor em plena Segunda Guerra Mundial, em uma Londres exposta a constantes bombardeios, um dia Sarah simplesmente abandona o escritor e parece contentar-se com sua vida morna ao lado do marido. A tragédia começa quando, dois anos depois do aparentemente inexplicável fim de caso, marido e amante esbarram-se em uma noite de chuva, e o escritor, obcecado por entender o que teria motivado aquele término, leva às últimas consequências a sua investigação. Essa investigação, que engaja também a curiosidade do espectador, é a espinha dorsal do espetáculo em cartaz no Oi Futuro Flamengo.

Baseada em romance homônimo publicado por Graham Greene, em 1951, e no filme também homônimo dirigido por Neil Jordan, em 1999, a adaptação teatral assinada por Thereza Falcão e dirigida por Guilherme Piva mimetiza a estrutura temporal descontínua do romance, alternando cenas ocorridas no presente (a história se passa em 1946) e cenas vividas no auge da paixão alguns anos antes. Como em *Traição*, peça de Harold Pinter que conta a história de um amor a partir do fim e retorna até o seu começo, a superposição dos tempos chama a atenção para a densidade histórica e as múltiplas ressonâncias de todas as nossas experiências, mesmo as mais cotidianas.

Valendo-se de projeções em vídeo e de diversos solilóquios endereçados diretamente à plateia, que substituem os monólogos interiores da literatura e a voz off no cinema sem a mesma profundidade psicológica, a direção tenta materializar o caráter épico do romance original, em que o ponto de vista do narrador quase sempre vale mais do que a ação principal. A opção dramatúrgica por cortar todas as personagens secundárias e concentrar a narrativa no triângulo central, no entanto, faz com que a peça tenda mais ao melodrama.

Essa opção é reforçada pelo registro de atuação de Eriberto Leão como Bendrix, caricatura do escritor atormentado, contrabalançado pelo habitual realismo de Isio Ghelman como o compreensivo marido traído que coloca a felicidade da mulher acima do próprio narcisismo, e pelo empenho de Vanessa Gerbelli em jamais permitir ao público que devasse inteiramente a sua personagem, mantendo-a em uma misteriosa indeterminação.

Ao fim e ao cabo, por mais que o nome do Deus cristão funcione literalmente como um *deus ex machina* para resolver o mistério e precipitar seu implausível desfecho, a resposta de Sarah parece tirada de um livro de Marguerite Duras: "Cada vez que não morremos de amor, o amor é derrotado e não merece esse nome senão por força de uma degradação da linguagem. Quando se aprende isso, como é possível recomeçar a comédia?"

13/11/2019

27. Amor que não é eterno não é amor
Crítica da peça *Por favor venha voando*

"A uma passante", soneto de Charles Baudelaire publicado em 1861, condensa o sumo da então novíssima experiência de se viver em uma grande cidade, cruzando diariamente com dezenas ou centenas de pessoas desconhecidas. Se, por um lado, a convivência forçada com tantos desconhecidos (quem são? para onde vão? o que querem?) pode ser ameaçadora, por outro, ela contém a promessa de encontros imprevistos, mas decisivos.

No soneto, após uma descrição do "frenético alarido" das ruas de Paris, Baudelaire descreve a irrupção de uma mulher que "com sua perna de estátua" caminha em câmera lenta e se destaca em meio à multidão. Em seu olhar, ela traz "a doçura que encanta e o prazer que assassina". Paralisado diante daquela efêmera aparição, o poeta conclui: "Que luz... e a noite após! Fugitiva beldade/ Cujos olhos me fazem nascer outra vez,/ Não mais hei de te ver senão na eternidade?// Longe daqui! tarde demais! 'nunca' talvez!/ Pois ignoro aonde foste, e tu aonde eu vou,/ Tu que eu teria amado, ah tu que bem o reparou."

Por favor venha voando, espetáculo com texto de Pedro Kosovski e direção de Georgette Fadel, parte do mesmo desconcerto do poema de Baudelaire. Valendo-se do recurso à autoficção, as atrizes Debora Lamm e Inez Viana, parceiras em cena pela primeira vez, mas parceiras na vida há 9 anos, expõem as entranhas de sua relação, indagando por que, dentre as inúmeras pessoas que passaram pela vida de ambas, elas ficaram juntas.

Nessa investigação, que parte do espanto que todos sentimos diante das misteriosas leis do acaso que presidem nossos encontros decisivos, as experiências pessoais das atrizes se metamorfoseiam em algo mais universal: um ensaio sobre o amor que é uma mútua declaração de amor e, ao mesmo tempo, uma declaração de amor aos amores que ficam. "Ficar", em sentido contrário ao do uso corrente da palavra, etimologicamente significa "fixar". Como diria Nelson Rodrigues, "amor que não é eterno não é amor".

Ocorre que a eternidade do amor não é um dado natural, mas uma construção cotidiana. Como escreveu Alain Badiou em seu belo *Elogio do amor*, "o amor é o trabalho de transformar o acaso do primeiro encontro em necessidade". Ou ainda: "o trabalho de inscrever a eternidade no tempo". Tarefa árdua, sem dúvida.

Como o ponto de partida da peça foi o "bed in" promovido por John Lennon e Yoko Ono para celebrar a sua noite de núpcias, o grande achado formal da peça é transformar o cenário em uma enorme cama, que vai assumindo configurações diversas ao longo do espetáculo. As cenas desse casamento vão sendo apresentadas fragmentariamente, em flashes autônomos interrompidos por blackouts durante os quais dois contrarregras reconfiguram o cenário.

Se faz sentido pensar o amor como um trabalho, valeria a pena suprimir esses blackouts e permitir que os espectadores pudessem ver as duas atrizes trabalhando também entre as cenas na reconfiguração do espaço existencial de sua relação, essa cama do tamanho do mundo.

27/04/2019

28. Janela indiscreta
Crítica da peça *Nerium Park*

Todas as peças de teatro continuam, de forma mais ou menos consciente, histórias começadas em outras peças, ou livros, ou filmes, ou notícias de jornal. "Não há nada de novo sobre a terra", dizia o rei Salomão no livro do Eclesiastes. "Se isso já era verdade no tempo do Velho Testamento, imagina hoje em dia", diria Machado de Assis ainda antes da internet. Descobrir esses parentescos imprevistos entre histórias distantes no tempo e no espaço é uma das alegrias da vida. Uma alegria sem dúvida amplificada quando o parentesco apontado, por mais esdrúxulo que possa parecer, faz sentido para outras pessoas. Como eu costumo dizer para a minha filha de 3 anos quando ela hesita em compartilhar um doce: "dividido é mais gostoso".

Assistindo a *Nerium Park*, peça com texto do catalão Josep Maria Miró e direção de Rodrigo Portella, também diretor de *Tom na fazenda*, espetáculo carioca mais premiado de 2017, o espectador é colocado na posição do fotógrafo vivido por James Stewart em *Janela indiscreta*. O filme de Hitchcock pode ser lido como uma alegoria sobre o ato mesmo de se assistir a um filme, ou a uma peça teatral. O fotógrafo, preso a uma cadeira de rodas por conta de uma perna quebrada, passa os seus dias espiando sorrateiramente os vizinhos. Sua imobilidade, e seu gozo como espião das vidas alheias, reflete o gozo de qualquer pessoa que vê sem ser vista, como um espectador na sala escura. No cenário construído para o filme, Stewart tem diante de si oito janelas semelhantes a telas de cinema.

O fato de estar diante de um dilema pessoal — Grace Kelly, "perfeita demais", quer se casar com ele, um solteirão convicto — faz com que ele veja nas histórias de seus vizinhos variações em torno de um mesmo tema, de uma única questão: o que acontece quando as pessoas se casam?

Malu e Miguel (Pri Helena e Rafael Baronesi) poderiam ser mais um casal de vizinhos espionados por Stewart. Eles acabam de realizar o sonho da casa própria em *Nerium Park*, um condomínio fechado cujo nome evoca a espirradeira, uma planta ornamental e tóxica chamada cientificamente de *Nerium oleander*. Por isso, o novo apartamento do casal, único cenário da peça, é decorado apenas com plantas dispostas em grandes vasos. No lugar da quarta parede, uma imaginária janela de vidro separa palco e plateia.

Se, a exemplo do que ocorre no filme de Hitchcock, não pudéssemos ouvir as vozes de Malu e Miguel, mas apenas ver seus corpos em ação, a progressão dramática do espetáculo teria um parentesco com a performance, e talvez com a dança-teatro de Pina Bausch. A derrocada do casamento seria materializada unicamente pela multiplicação inexplicável das plantas tóxicas em cena e pelas tentativas fracassadas dos protagonistas de se esquivarem ao envenenamento de sua relação.

O problema é que, em *Nerium Park*, ouvimos o tempo inteiro as explicações dos protagonistas. Sublinhando didaticamente a mensagem da peça e assim reduzindo a potência expressiva da misteriosa proliferação das plantas em cena, seus diálogos soam pueris e as reviravoltas do enredo acabam sendo previsíveis.

07/09/2018

29. Quando o teatro faz a vida valer a pena
Crítica da peça *Todas as coisas maravilhosas*

Ano 1979, estamos em *Manhattan* — a cidade e o filme. Woody Allen está deitado em um sofá, deprimido após uma desilusão amorosa com Diane Keaton. Como um paciente que estivesse de costas para uma psicanalista imaginária, ele enumera "as coisas que fazem a vida valer a pena: Groucho Marx; Willie Mays; o segundo movimento da sinfonia 'Júpiter'; Louis Armstrong gravando 'Potato Head Blues'; filmes suecos; a *Educação sentimental*, de Flaubert; Marlon Brando; Frank Sinatra; aquelas maravilhosas maçãs e peras de Cézanne; os caranguejos de Sam Wo; o rosto de Tracy".

Desde que vi essa cena pela primeira vez, quando tinha os mesmos 17 anos de Mariel Hemingway (Tracy) no filme, a lista de coisas que faziam a vida de Woody Allen valer a pena se tornou um item obrigatório da minha própria lista.

Ainda que um certo teatro contemporâneo tenha transformado em clichê o procedimento de fazer listas, para mim ele nunca perdeu inteiramente o seu charme. Numa lista, como na melhor poesia, as palavras não se juntam nem por razões meramente utilitárias nem por qualquer imperativo comunicacional, mas sim por uma espécie de afinidade eletiva que transfigura o lugar-comum, dando tom e timbre novos mesmo às mais insignificantes ações cotidianas.

Com essa esperança, desde os 7 anos de idade, o narrador de *Todas as coisas maravilhosas* passa a escrever compulsivamente uma lista de coisas que fazem a vida valer a pena. Seu objetivo é dos mais pungentes: demover sua mãe, sempre deprimida, da ideia do suicídio.

Para contar "sua" história, que pode ser lida como uma autoficção depurada de banalidades autobiográficas, Kiko Mascarenhas — em atuação de uma humanidade contagiante — recebe e cumprimenta cada espectador como se fôssemos todos amigos de longa data envolvidos em uma mesma celebração.

Retomando procedimentos do Teatro do Oprimido, de Augusto Boal, ele pede em tom bastante acolhedor — a ponto de o convite soar apenas natural, sem nada do caráter constrangedor do teatro interativo mais usual — que os espectadores participem da construção de sua história. E assim, como num passe de mágica, pessoas que tinham saído de suas casas apenas para ver um espetáculo acabam por encarnar de forma notável diversos papéis: o do médico que precisa explicar a um menino o porquê do sacrifício de um cachorro doente; o do professor que recomenda com paixão a leitura de *Werther*; o do pai austero que finalmente declara seu amor pelo filho; o da namorada unida ao protagonista em torno do amor comum aos livros e às listas. (No dia em que assisti à apresentação, os espectadores-atores foram tão convincentes na construção de seus personagens que cheguei a suspeitar de que podia ser tudo combinado.)

Na montagem do texto de Duncan Macmillan e Joe Donahue, em ótima adaptação de Diego Teza e sob a delicada direção de Fernando Philbert, o próprio ato de ir ao teatro torna-se item obrigatório de qualquer lista congregando todas as coisas maravilhosas que fazem a vida, apesar de tudo, valer a pena.

26/07/2019

30. Afrodite no espelho
Crítica da peça *Venus ex libris*

Raras peças encontram o seu melhor cenário. *Venus ex libris* encontrou. Na Casa Quintal, um sobrado colonial numa pacata rua da Lapa, os espectadores são transportados para um outro tempo e um outro lugar.

Logo ao entrar, deparamos com uma dominatrix trajada com um corpete de couro bem justo, uma calcinha sensual e uma bota de salto alto que vai até o joelho, submetendo com um chicote a sua "vítima", que jaz amarrada no chão. A vítima, um homem de meia-idade apenas de cuecas, goza com a performance de sua algoz. Para deixar bem clara a natureza desse mundo estranho, ele repete: "Não pode haver nada mais sensual do que a dor ou prazer maior que a degradação."

Após esse início impactante, que desperta na plateia um misto de fascínio e repulsa, como se nos perguntássemos se os nossos próprios hábitos sexuais não seriam civilizados demais, o contexto da cena vai se tornando progressivamente claro: pelo Tinder, um homem já maduro convidou uma mulher bem mais jovem para uma relação sexual das mais extravagantes. Em vez de simplesmente reproduzirem as posições prescritas pelo Kama Sutra, hoje tornadas quase triviais pelos inúmeros sites pornográficos disponíveis na internet, ele convida sua parceira a buscarem um êxtase erótico baseado na leitura do livro *A vênus das peles*, publicado em 1870 por Sacher-Masoch, cujo sobrenome inspirou a formulação do conceito de masoquismo.

A literatura, quando experimentada corporalmente, pode ser o mais poderoso dos afrodisíacos. Só que, para isso, ela depende do teatro, essa arte da incorporação. Alcançar o êxtase, o excelso prazer que é sair de si, implica ter a coragem de se colocar no lugar do outro, sem preconceitos e sem medo. Por que, como pregam os fascistas, o diferente, que forçosamente amplia a nossa percepção da realidade, deveria nos amedrontar?

Para levar a busca do espetáculo às suas últimas consequências, o casal em cena (Rafael Steinhauser e Ana Carolina Godoy), sensualmente dirigido por Luiz Fernando Marques, não hesita em encarnar os personagens do livro de Masoch e performar o jogo erótico ao qual ele convida.

A dramaturgia, no entanto, não se contenta em colocar os atores em uma espécie de peça sexual de época. Explorando a distância histórica que nos separa do mundo de Masoch, diversas vezes o jogo da incorporação é interrompido por comentários autorreflexivos, nos quais, despindo-se de seus personagens, os atores se perguntam sobre a atualidade das obscuras leis do desejo que se propõem a pôr em movimento.

Sem se comprometer com respostas definitivas acerca da essência do sentimento que, segundo a mitologia grega, é presidido pela deusa Afrodite (ou Vênus), o espetáculo *Venus ex libris*, como o próprio nome indica — *ex libris* era o selo que os bibliófilos de outrora utilizavam para marcar um livro como "de sua propriedade" —, faz um convite apetitoso aos espectadores: que transformemos nossas leituras em nossa propriedade, em autênticas experiências corporais, aprendendo com os atores o gozo que é ser outros. Um gozo que, como é tantas vezes sublinhado pelo espetáculo, se alimenta da ilusão, mas igualmente da crítica da ilusão.

09/11/2018

Sexo

31. O teatro político em questão
Crítica da peça *Menines*

O título do espetáculo é promissor: *Menines*. Nem meninas nem meninos, menines. Para além da lógica binária que pretende domesticar os infinitos da sexualidade, menines. Contra a pretensão fascista de ditar o que é normal, menines. Para além do menino-pênis-azul e da menina-vagina-rosa, menines. Contra o mito bíblico do buraco certo, menines. Como lembrete de que a sexualidade é produto da história, não da biologia, menines. Todo um manifesto contrassexual (no sentido do delicioso livro de Paul B. Preciado) inscrito num único lance de linguagem: menines. Basta uma palavra estranha, ou uma engenhosa torção da gramática e das regras que comandam os gêneros das palavras, e toda uma outra universa se descortina: menines!

Um título eloquente demais, no entanto, pode ser um problema. Contém promessas que, às vezes, um espetáculo não tem como cumprir.

No caso de *Menines*, escrito por Marcia Zanelatto e dirigido pela autora em parceria com Cesar Augusto, o que o título sugere é uma compreensão do trabalho artístico como lance de linguagem e burla das normas. Como jogo e como gesto, mais do que como discurso. Se, com uma troca de letra em um título, toda uma outra universa se descortina, por que não apostar que a relação entre arte e política é mais potente (esteticamente) e mais eficaz (ideologicamente) quando opta pelo caminho indireto da subversão linguística e abre mão de toda retórica política convencional?

A escolha do elenco vai nessa direção: xs atuantes (Agnes Lobo, Bruno Maria Torres, Elisa Caldeira, Ian Belisario, Maíra

Garrido, Pedro Marquez, Zane e Simone Mazzer) apresentam-se em cena com identidades de gênero nada evidentes, a ponto de não ser possível saber ao certo quem é cis e quem é trans. Seus corpos, coerentes com a sua designação, "menines", destroem de saída as expectativas convencionais em torno do que sejam meninos e meninas. Prometem liberdades ainda a descobrir.

A questão é que a dramaturgia de Marcia Zanelatto tem enorme dificuldade em suportar o campo aberto e a possível desordem instaurada por esses corpos indomesticáveis.

O primeiro índice dessa dificuldade é o didatismo de algumas passagens do texto, que reduz a potência dos corpos em cena a mero veículo de uma mensagem politicamente correta. Frases como "essa história se passa em um tempo onde as pessoas são o que sentem, sem rótulos" ou "nossos corpos são apenas uma fração do que somos", ditas sem uma elaboração estética satisfatória, infantilizam o espectador.

O segundo índice dessa dificuldade é o fato de que, em vez de materializar mundas outras, em que as rígidas distinções binárias (machistas, racistas, fascistas) sequer valeriam a menção, toda a dramaturgia se constrói com base no princípio da inversão. Ao longo das seis cenas da peça, meninos são tratados como meninas e vice-versa, em tentativa de ridicularizar os absurdos da "ideologia de gênero" de nossa sociedade patriarcal. O problema é que, ao sublinhar esses absurdos de forma caricata e redutora, o espetáculo não faz jus à radicalidade da promessa de uma reinvenção do mundo e de uma subversão da linguagem (teatral) contida em seu título.

05/04/2019

32. Um convite provocante
Crítica da peça *Trajetória sexual*

"O passado é uma estória que contamos para nós mesmos", diz a certa altura o narrador de *Trajetória sexual*. Embora diminuta para quem observa apenas a grafia ou o som da palavra, a diferença entre uma "estória" e a "história" pode ser imensa: ao contrário de quem tem a pretensão de reconstruir objetivamente a história, quem conta uma estória assume necessariamente o caráter ficcional do seu relato. Na estória, o modo de contar é mais decisivo do que o que é contado, a forma é mais importante do que o conteúdo (ou a mensagem). Tanto na estória quanto na arte, em última instância, a forma é o conteúdo.

Como o próprio título indica, em seu novo solo, Álamo Facó, que divide a direção com Renato Linhares e Gunnar Borges, relata uma série de encontros sexuais que teve com homens, mulheres e pessoas trans. O uso da primeira pessoa do singular e o fato de o performer assinar também a dramaturgia nos convidam a crer que se trata de um relato autobiográfico, como aquele que Álamo Facó construiu no pungente solo *Mamãe*, no qual conta a doença e a morte de sua mãe. Embora essa crença seja inteligentemente manipulada pelo performer, no sentido de amplificar o efeito das trepadas que descreve em detalhes — "será que ele fez isso mesmo?", a gente se pergunta —, em certo momento ele quebra essa ilusão biográfica esclarecendo que ainda não disse o seu nome. Em seguida, em vez de dizer seu esperado "nome verdadeiro", pede que alguém da plateia lhe dê um nome. Ao ser batizado pelo público com um nome ficcional, arbitrário, que muda a cada dia de apresentação, sua identidade se torna instável e oscila entre o relato autobiográfico e a construção de uma personagem teatral. Essa instabilidade, sublinhada por um registro de atuação irônico e distanciado, acaba deixando evidente que toda autobiografia implica a construção ficcional de uma personagem de quase impossível definição: a personagem principal da tal estória que contamos para nós mesmos, também conhecida como "eu".

Vista como uma investigação do problema da identidade pessoal, a peça *Trajetória sexual* faz um convite provocante a seus espectadores, que é reforçado pelo fato de o performer passar a maior parte do tempo sem camisa, vestindo uma calça jeans justa e fazendo movimentos lúbricos (coreografados por Marcia Rubin) sobre um tapete felpudo que evoca uma enorme e deliciosa cama. O convite: por que você não tenta me dizer quem você é a partir de uma rememoração da sua própria trajetória sexual?

Independentemente da resposta que cada espectador possa dar a esse convite, a resposta materializada pela forma do espetáculo como um todo, mais do que por seu conteúdo discursivo explícito, tem um alcance político inequívoco: ao relatar seus sucessivos encontros com pessoas dos gêneros mais diversos no tom mais natural do mundo, o protagonista naturaliza comportamentos tidos como escandalosos, coloca a sabedoria do corpo acima da moral e da religião, problematiza a ilusão de um "eu" coerente com uma opção sexual fixa e, acompanhando o fluxo dos próprios desejos, esquiva-se a quaisquer rótulos redutores.

16/09/2018

33. O capitalismo como religião
Crítica da peça *Luz nas trevas*

No prólogo de *A exceção e a regra*, peça de aprendizagem escrita em 1930, Brecht fornece preciosas indicações a qualquer espectador de uma peça de teatro: "Olhem bem para o comportamento das personagens:/ Notem que, apesar de familiar, ele é estranho/ Inexplicável, apesar de comum/ Incompreensível, embora sendo a regra./ Mesmo as ações mínimas, simples em aparência/ Observem-nas com desconfiança! Questionem a necessidade/ Sobretudo do que é habitual!/ Pedimos que por favor não achem/ Natural o que muito se repete!/ Porque em tempos como este, de sangrenta desorientação/ De arbítrio planejado, de desordem induzida/ De humanidade desumanizada, nada seja dito natural/ Para que nada seja dito imutável."

Luz nas trevas, peça de Brecht em cartaz num espaço cujo nome não poderia ser mais brechtiano, Armazém da Utopia, foi escrita em 1919, antes do amadurecimento da teoria brechtiana do teatro épico. Ela revela, entretanto, um aspecto fundamental dessa teoria, não raro negligenciado: para que seja possível produzir os "efeitos de distanciamento ou estranhamento" típicos do teatro épico, antes é indispensável construir uma aproximação entre o público e a cena. Se, a princípio, o espectador não se sentir em casa no teatro, a interrupção da familiaridade que obriga à reflexão e à crítica não tem como acontecer.

Luiz Fernando Lobo, diretor da Companhia Ensaio Aberto, construiu sua encenação de modo radicalmente acolhedor. É uma grata surpresa entrar no espaço do Armazém da Utopia e descobrir que ali, no lugar de uma plateia de teatro convencional, o espectador é tratado como cliente de um bordel dos anos 1910, tendo a chance de comer e beber ao longo da encenação. Confortavelmente instalados em mesas de bar e servidos por sedutoras atrizes trajadas como as prostitutas de *Luz nas trevas*, vemos então a luta que se desenrola entre Paduk e a sra. Hogge.

De um lado do "ringue", Paduk, o cliente ressentido por ter sido expulso do bordel, assume ares de pregador moralista e se propõe a acabar com a devassidão de sua época mostrando aos frequentadores daquela zona de meretrício os "efeitos devastadores das doenças venéreas". Para isso, monta em frente ao bordel uma barraca na qual exibe, com o apoio da prefeitura, esculturas de corpos humanos tomados por sífilis, gonorreia e cancro mole. Para a contemplação de cada doença, cobra um preço diferente e rapidamente ganha muito dinheiro.

Do outro lado, a sra. Hogge, cafetina confrontada pelos prejuízos causados pela ação de Paduk, tenta trazê-lo de volta à razão. Mostra que seus lucros não teriam como durar eternamente e que seria mais saudável se ele abandonasse o seu questionável surto moralista e voltasse para os braços de suas "meninas".

No meio dessa luta, o espectador é jocosamente confrontado com uma falsa alternativa: entre a prostituta e o pregador, a diferença é muito menor do que parece. Ambos são devotos da mesma religião: o capitalismo.

Fica a pergunta: não haverá mesmo outra saída?

31/05/2019

34. A empatia contra a homofobia
Crítica da peça *A golondrina*

Em *Os afogados e os sobreviventes*, livro que contém reflexões em torno da dificuldade de representar o Holocausto, Primo Levi escreveu: "Não somos nós, os sobreviventes, as autênticas testemunhas. Nós, sobreviventes, somos uma minoria anômala, além de exígua: somos aqueles que, por prevaricação, habilidade ou sorte, não tocamos o fundo. Quem o fez, quem fitou a górgona, não voltou para contar, ou voltou mudo; mas são eles, os que submergiram, as testemunhas integrais, cujo depoimento teria significado geral. Eles são a regra; nós, a exceção."

A provocação de Levi permanece inquietante para quaisquer artistas que visam a elaborar esteticamente acontecimentos históricos traumáticos: quem teria a capacidade (e o direito) de narrar o horror? Mesmo para quem sobreviveu a Auschwitz, seria eticamente legítimo se colocar no lugar daqueles que morreram nas câmaras de gás? Qual é o limite entre a compaixão (a possibilidade de sentir a dor do outro) e a obscenidade (a exposição mercadológica das tragédias alheias)?

A golondrina, texto do premiado dramaturgo catalão Guillem Clua inspirado no ataque homofóbico que deixou cinquenta mortos no Bar Pulse, em Orlando, em junho de 2016, não coloca nenhuma dessas questões. Com base no discutível pressuposto iluminista de que "a diferença entre os seres humanos e as bestas é a capacidade de sentir a dor do outro como se fosse a nossa", Clua constrói o enfrentamento dramático entre duas visões de mundo aparentemente irreconciliáveis: a visão de Amélia (personagem de Tania Bondezan), mãe de um dos afogados no ataque; e a visão de Ramón (personagem de Luciano Andrey), sobrevivente do ataque e namorado do filho assassinado, cuja existência a sogra ignorava pois nunca fora capaz de aceitar a homossexualidade do filho.

Ainda que ambas as perspectivas sejam apresentadas sem maniqueísmos, a excessiva fidelidade de Clua à *Poética*, de Aristóteles, e à *Estética*, de Hegel, torna a progressão dramática previsível. Está tudo lá: a centralidade absoluta do texto, que torna secundário o trabalho do diretor Gabriel Fontes Paiva; as peripécias (às vezes implausíveis) no enredo e o reconhecimento "surpreendente" das verdadeiras identidades das personagens; a tendência à psicologização com o fito de produzir empatia; a exposição dialética do conflito entre a posição da mãe (tese) e a do namorado (antítese); e finalmente a utópica reconciliação (síntese) entre ambos, que leva o público às lágrimas (catarse).

A golondrina é inegavelmente uma peça bem-feita e uma ferramenta útil na luta contra a homofobia. Por elevar a compaixão ao estatuto de antídoto universal contra as barbáries do nosso tempo, entretanto, ela sequer formula perguntas centrais para grande parte da dramaturgia mais contemporânea. Até que ponto é efetivamente possível se colocar no lugar (de fala) do outro esmagado pelo rolo compressor da história? Ainda será possível negligenciar todas as legítimas objeções à existência de uma "racionalidade universal" e de uma "única comunidade humana" independente de classe, raça ou gênero?

14/02/2020

35. O que aprendi com as crianças
Crítica de *Cinco peças fáceis*

"Quando a criança era criança,/ era o tempo das seguintes perguntas:/ Por que eu sou eu e não você?/ Por que estou aqui e não lá?/ Quando começou o tempo e onde termina o espaço?/ Será que a vida sob o sol nada mais é que um sonho?/ Será que o que vejo e escuto e cheiro é apenas a aparência de um mundo que esconde o mundo?/ Será que de fato existem o Mal e pessoas realmente malvadas?/ Como é possível que o eu, que eu sou,/ Não existisse antes de eu nascer/ E que o eu, que eu sou,/ um dia deixe de ser o eu, que eu sou?"

Ao assistir a *Cinco peças fáceis*, do diretor suíço Milo Rau, artista em foco da 6ª edição da Mostra Internacional de Teatro de São Paulo, foi inevitável lembrar da "Canção do ser criança", de Peter Handke. Alma do filme *Asas do desejo*, de Wim Wenders, esse poema lembra que a diferença entre adultos e crianças é muito menos nítida do que parece. Como os adultos, também as crianças se veem confrontadas com a necessidade de pensar sobre a própria identidade, a sexualidade, a diferença entre realidade e ficção, a desigualdade social, a natureza do Mal, a inevitabilidade da morte. E o seu olhar tende a preservar um frescor que resiste às respostas prontas e aos clichês. Não por acaso, "olhar o mundo como quem olha pela primeira vez" foi e é o objetivo de muitos artistas e filósofos.

Essa aposta no potencial emancipatório do olhar infantil — que nada tem a ver com o olhar infantilizado de tantos adultos — é o pressuposto da reconstrução em cinco cenas (nada fáceis) de um recente episódio traumático da história social belga: a trajetória do pedófilo Marc Dutroux, condenado em 2004 pelo sequestro e o abuso de seis meninas; e pelo assassinato de quatro delas.

Como compreender essa irrupção do "mal radical"?

Para lidar com essa questão, Milo Rau selecionou sete crianças entre 11 e 14 anos, que, em cena, são conduzidas por um oitavo ator (único adulto do elenco) que desempenha a função de diretor. Ao expor o processo de construção do espetáculo, desde as perguntas feitas a cada uma das crianças durante as audições até as interrupções e discussões sobre o tom certo a adotar em cada cena da reconstituição dessa terrível "história real", Rau chama a atenção para a artificialidade da representação e convida a uma visão até certo ponto distanciada dos sofrimentos encarnados pelas crianças.

Ainda que a tendência ao melodrama — derivada da escolha do tema (pedofilia) e da música de fundo (a tristíssima "Gymnonopédie n. 1", de Erik Satie) — e ao sensacionalismo — usar crianças para falar de crianças abusadas e assassinadas — possa deixar o espectador a princípio desconfiado da ética (mercadológica) do diretor, o fato é que a sobriedade e o senso de humor desse sublime elenco infantil servem como um aviso para que o público não se deixe levar exclusivamente pelos afetos e aposte na reflexão.

As crianças ensinam que, mesmo na ausência de respostas, é urgente seguir perguntando. Sem tabus. Só assim, quem sabe, um dia o mal deixará de ser "nor-mal".

29/03/2019

36. O dia em que a santa levantou a saia
Crítica da peça *Stabat Mater*

"Você faria uma cena de sexo comigo dirigida pela minha mãe?", pergunta a atriz e diretora Janaina Leite ("pesquisadora em foco" da 7ª Mostra Internacional de Teatro de São Paulo) a diversos atores pornô por ela entrevistados com o objetivo de escolher "o profissional" que contracenaria com ela ("a filha", como está escrito na camiseta que usa no começo do trabalho) e com "a mãe" (Amália Fontes Leite, sua mãe na vida real, que não é atriz, mas aceitou ser sua parceira de cena em *Stabat Mater*). Embora todos os entrevistados, em tom ora jocoso ora abertamente misógino, tenham respondido que "sim, sem nenhum problema", algo lhes escapou no dispositivo montado pela diretora. Ao contrário do que ocorre na indústria pornô ampliada que é a sociedade patriarcal, neste caso o objeto sexual era o homem. E o poder de escolha (atuação, dramaturgia e direção!) estava evidentemente na mão das mulheres.

O filme-documentário com a seleção do "profissional" se torna inteligível com base na "conferência" que abre *Stabat Mater*. O tom mais sóbrio característico de uma "peça-palestra", ainda que permeado por deliciosa ironia e inúmeras reflexões metateatrais que em vários momentos contam com a participação do público, torna instável o lugar da plateia e por isso prende radicalmente sua atenção. Se, por um lado, somos movidos pela curiosidade infantil de saber se ela levará a cabo o convite inicialmente feito ao ator pornô, por outro as constantes interrupções, antecipações e variações no uso de dispositivos cênicos diversos nos obriga a pensar a fundo sobre as questões propostas. Questões de uma complexidade rara não apenas em nossos palcos, mas nos palcos de qualquer lugar do mundo.

Como o próprio título do espetáculo indica, o desejo de Janaina Leite é investigar onde "estava a (sua) mãe", onde "*stabat mater*", em dois momentos decisivos de sua trajetória: a peça *Conversas com meu pai*, na qual ela teria apagado a figura da mãe e só se dado conta desse apagamento muito tempo depois; e a cena traumática de um estupro que ela teria sofrido na adolescência. Partindo do pressuposto freudiano de que "o amor e o sexo são representações ritualísticas derivadas de vivências passadas", seu objetivo declarado é o de falar tão francamente quanto possível (mobilizando recursos das "peças-palestra", do "*pole dancing*", do teatro épico e valendo-se de muitas projeções em vídeo) para realizar um ato psicomágico que pudesse recolocar as peças de sua constelação familiar em posições menos alienadas no tabuleiro das imposições sociais.

Reconhecendo a importância da violência patriarcal na estruturação da subjetividade feminina, a performer sabe que falar de si para além do narcisismo implica a inclusão em seu discurso de uma reflexão mais abrangente sobre o que é ser mulher e ser mãe. Apresenta então a figura da Virgem Maria como origem de diversas dicotomias nefastas: a oposição entre maternidade e sexualidade, pureza e devassidão, a do lar e a da rua, a garota boazinha que sobrevive e todas que são mortas transando nos filmes de terror. Nua em cena da cintura para baixo a maior parte do tempo, seu próprio corpo já é um manifesto: é preciso levantar a saia da santa.

Ao fim do espetáculo, com todos os elementos da peça compondo antes um mosaico cheio de fissuras do que um quebra-cabeça com uma imagem estável do feminino, o espectador se pergunta qual seria finalmente o ato psicomágico ali realizado. Mais do que através do prometido ato sexual com o ator pornô, a psicomagia se dá pela simples presença em cena de Amália Leite e, talvez, pelo reconhecimento tardio de Janaina — que no meio do caminho também se tornou mãe — de que as mães nem sempre estão. E, no entanto, no mais radical experimento da filha, lá estava a mãe.

13/03/2020

Luta

37. O combate do último homem contra a besta do fascismo
Crítica da peça *O rinoceronte*

"O meu primo, a mulher dele, o meu vizinho, está todo mundo virando rinoceronte!" O desconcerto expresso por uma das personagens de *O rinoceronte*, peça escrita por Eugène Ionesco em 1957, adquiriu uma inquietante atualidade. Apesar de ter sido enquadrada como exemplar do "teatro do absurdo", a peça parece cada vez menos absurda, cada vez mais... realista. Desde o ano passado, quantos brasileiros não repetiram exclamações semelhantes a essa?

A metáfora da "transformação em rinoceronte", animal de cornos pontiagudos e uma carapaça quase inexpugnável emoldurando olhos pequeníssimos, permite uma decifração imediata: à medida que a pele humana começa a endurecer, a insensibilidade às dores alheias cresce; a cega indiferença diante do futuro aumenta; os argumentos racionais se tornam inaudíveis; quer-se andar em bando, sem o inconveniente de pensar autonomamente; e tudo o que resta é uma nostalgia difusa de um mundo mais "simples", "natural", sem diálogo, sem direitos humanos e outras "invencionices" de uma "civilização decadente".

Na peça de Ionesco, as razões para o surgimento e a evolução da epidemia de rinocerontite não chegam a ser propriamente explicadas, daí a sua pretensa absurdidade. Mas Bérenger, o último homem, só é capaz de resistir até o fim porque jamais quis se conformar aos padrões sociais de normalidade — "eu não me habituo com a vida", ele diz. Seu amigo Jean, com quem ele briga na cena inicial e que posteriormente fará sua metamorfose, retruca: "o homem superior é aquele que cumpre seu dever".

A denúncia do conformismo como possível causa da epidemia é o ponto de partida da montagem do Contágio Coletivo, dirigido por Ricardo Santos. A resistência de Bérenger é não apenas representada dramaticamente, mas se inscreve em todas as camadas do trabalho. Em um tempo de profusão de monólogos, são 18 os atores em cena. Em uma situação de bloqueio dos investimentos na cultura, os ingressos são gratuitos e cada um deixa a "contribuição consciente" que pode. Em um contexto de sucateamento dos teatros públicos, a ocupação do Terreiro Contemporâneo, ambiente dos mais acolhedores e inspiradores, é também reveladora do quanto este trabalho é uma "peça de resistência".

Fiel à "estética da fome" de Glauber Rocha, que fazia da escassez de recursos um lance de linguagem, a direção de Ricardo Santos (apoiada na excelente trilha sonora de Rodrigo Marçal) transforma os 18 atores em cena numa eloquente paisagem humana em que as diferenças individuais tendem a se apagar em prol de respostas sociais e gestos cada vez mais automáticos e repetitivos. As inevitáveis dobras são convertidas em ganho cênico e ideológico: com três atores interpretando um mesmo personagem, a tendência ao épico se sobrepõe à empoeirada dramaticidade do original e deixa clara a principal advertência de Ionesco: "Muito cuidado, senhores rinocerontes neoliberais! A precarização das condições de trabalho é o último passo antes do abestamento fascista. É isso mesmo que vocês querem?!"

18/06/2019

38. O coveiro de Deus
Crítica da peça *Solo*

Fantasias infantis de onipotência têm a ver com a dificuldade de reconhecer que o mundo não se molda imediatamente de acordo com nossos desejos. Essas fantasias costumam fundamentar os discursos da maioria dos extremistas religiosos e políticos, que sofrem de uma doença mais comum do que se imagina: o "complexo de Deus". Sempre que alguém promete acabar com a corrupção, com a violência ou com a "maldade" num passe de mágica, tenho arrepios. Será que essa pessoa não está percebendo que a realidade é muito mais complexa do que isso? Que corrupção, violência e "maldade" não nascem apenas de decisões individuais e de "más índoles", mas de processos históricos e estruturas socioeconômicas seculares diante das quais um indivíduo, sozinho, pode muito pouco?

Solo, texto de Fabricio Branco que venceu a 8ª edição do concurso nacional de dramaturgia Seleção Brasil em Cena, apresenta um coveiro (Kadu Garcia) que padece do "complexo de Deus". Sob o pretexto de purificar a sociedade e alimentar a terra, da qual seria um fiel servidor, ele elimina, um por um, os "representantes da maldade do mundo": um pastor pedófilo (Jansen Castellar), um morador de rua (Bárbara Abi-Rhan) e uma mulher que ama os prazeres da cama e da mesa (vivida pela maravilhosa Aliny Ulbricht).

As justificativas protofascistas do coveiro soam delirantemente reacionárias, como se ele agisse em nome de um poder maior. ("Sangue e solo" era o lema preferido dos nazistas alemães.) O fato de que sejam ditas com uma voz doce, em chave ora lírica, ora próxima do tom dos livros de autoajuda, deixa no espectador uma dúvida perturbadora: este espetáculo está mesmo me pedindo para aderir à perspectiva do coveiro? Ou ele é crítico com relação a homens que, em nome de Deus, do sangue ou do solo, sentem-se livres para cometer as maiores atrocidades?

A perturbadora ambiguidade do texto, que começa pelo título (na versão original, a ideia era que um único ator fizesse as vozes de todas as personagens), não é inteiramente desfeita pelas opções cênicas do diretor Vinicius Arneiro. Embora o uso de quatro atores em vez de apenas um seja um ganho considerável na construção de uma bem-vinda polifonia, trata-se de um espetáculo talvez poético demais, no qual a crueldade e a violência extremas do narrador e protagonista não chegam a ser devidamente sublinhadas.

O cenário de Fernando Mello da Costa, uma longa mesa em madeira vazada na parte inferior, evoca a um só tempo a mesa em torno da qual Jesus recebeu os apóstolos para a última ceia e as sepulturas das vítimas do coveiro que narra o espetáculo. Essa poderosa escultura cênica nos lega uma questão: matar em nome de Deus não é matar o próprio Deus? Não é enterrar todos os principais ensinamentos de Jesus Cristo, grande defensor dos "humilhados e ofendidos", daqueles que, por serem diferentes, foram sempre excluídos e marginalizados pelos "homens de bem"?

02/03/2019

39. Tropa de elite 3
Crítica da peça *Dogville*

Ao ser lançado em 2003, o filme *Dogville*, do cineasta dinamarquês Lars von Trier, com uma estética teatral inovadora e inesquecível que evocava imediatamente o teatro épico de Brecht, apresentava um dilema ético-político até certo ponto atemporal: qual seria a verdadeira justiça?

A justiça de Moisés ou a justiça de Jesus? A justiça do Deus vingador do Velho Testamento que nunca hesitou em condenar à morte os pecadores ou a justiça do Deus do amor do Novo Testamento que cortou na própria carne para conceder à humanidade a graça do perdão pelo pecado original? A animalesca justiça do cão (no filme chamado justamente de Moisés) que odeia estrangeiros e toma conta da "cidade do cão" (Dogville) ou a divina justiça da graça, que tem uma capacidade sobre-humana de compreender e perdoar (no filme personificada por Grace, a princípio explorada e logo crucificada pelos habitantes da cidade)?

Ao ser lançada em 2018, com direção de Zé Henrique de Paula e 16 atores em cena, com destaque para uma Mel Lisboa mais convincente do que Nicole Kidman no papel de Grace, a peça *Dogville* espelha o procedimento de Trier no filme: do mesmo modo que o cineasta dinamarquês utilizara o teatro para expandir os limites da linguagem cinematográfica, Zé Henrique de Paula usa o cinema para ampliar o alcance da experiência teatral. Duas câmeras, uma de cada lado da plateia, filmam o espetáculo. Além de permitirem close-ups virtualmente inexistentes no teatro, as imagens captadas pelas duas câmeras são projetadas simultaneamente, em sobreposição, em momentos bem escolhidos. Além de o efeito dessas imagens sobrepostas ser de uma beleza pictórica extraordinária, elas chamam a atenção para os (ao menos) dois rostos de cada ser humano.

Esse jogo ótico advindo de um uso inteligente do cinema no teatro e um elenco dirigido no sentido de evitar a caricatura de mocinhos e vilões nos dão, por um lado, a impressão de que o espetáculo transmitiria o seguinte discurso: a realidade é tão complexa e as pessoas têm tantas camadas que é impossível fixá-las em uma só imagem, uma só definição, um só rótulo, uma só identidade.

O problema é que, muito embora as referidas opções estéticas da direção nos mostrem a importância do respeito à perspectiva de Grace, que, como Jesus nos Evangelhos, permanece sempre muito atenta aos direitos de uma espécie tão contraditória quanto a humana, toda a progressão dramática do enredo e sobretudo o seu desfecho, infelizmente fiel ao final do filme, não deixam dúvidas: por seus delitos, e pouco importam as circunstâncias atenuantes e a especificidade das ações de cada um, todos os habitantes de Dogville merecem ser assassinados.

Por isso, não me causou estranhamento quando, ao sair daquele teatro situado em um shopping de elite da cidade, ouvi um jovem exemplar da burguesia carioca dizer, em êxtase, a um amigo: "Tu viu, irmão? A peça corroborou com os *snipers*. Pode matar todo mundo. É só tiro na cabeça. Hahaha."

É isso mesmo?!

18/11/2018

40. Crônica de uma tragédia anunciada
Crítica da peça *Um tartufo*

Orgonte, um abastado pai de família, acolhe em sua casa um "falso devoto", como Tartufo é caracterizado na lista de personagens da peça *O Tartufo*, de Molière, encenada pela primeira vez em 1664 diante de Luís XIV, o Rei Sol, e logo censurada devido à pressão do Arcebispo de Paris. A fé cega de Orgonte em seu novo guia espiritual faz com que ele acabe doando todo o seu patrimônio a Tartufo. Este, para possuir também a mulher de Orgonte, maquina a prisão daquele crédulo homem de bem. O final da história teria sido trágico se, nas últimas réplicas da peça, Molière arbitrariamente não tivesse tirado da cartola um *deus ex machina*, um enviado do príncipe que, contrariando a lógica do enredo construído até então, em vez de prender Orgonte, desmascara Tartufo como um golpista profissional e finalmente o leva preso.

Esse "final feliz" foi fruto de uma concessão de Molière às objeções dos donos do poder em sua época. Com essa concessão, em 1669 a peça foi finalmente liberada para uma série de apresentações públicas e obteve tamanho sucesso que o nome do personagem-título acabou por se converter em um substantivo comum. Tartufo é "(1) aquele que é hipócrita; indivíduo que dissimula ou engana; (2) beato falso, devoto enganador".

Um tartufo, adaptação do clássico de Molière realizada coletivamente pela Cia Teatro Esplendor e dirigida por Bruce Gomlevsky, subverte já no título o original francês do século

XVII, sugerindo que, hoje, um outro tartufo roubou o posto do Tartufo original. O enredo da peça pode ser lido como um retrato da ascensão desse outro tartufo, cuja identidade não é difícil de descobrir no contexto político do Brasil atual.

Embora fiel à progressão dramática da peça de Molière, a adaptação da Cia Teatro Esplendor toma a louvável liberdade de propor um outro final, antes trágico do que cômico, deixando claro que o respeito às grandes obras da tradição dramática não deve ser confundido com subserviência. Os clássicos só permanecerão clássicos enquanto forem capazes de iluminar o presente e isso, muitas vezes, implica a necessidade de cortes e modificações. Esse outro final confronta os espectadores com uma questão até certo ponto aterrorizante: como seria viver sob um regime assumidamente fascista?

Em sua montagem, a Cia Teatro Esplendor não apenas deu ao original de Molière as tintas de uma distopia política contemporânea, mas também suprimiu todos os diálogos da peça. No lugar das palavras, facilmente manipuláveis, ficaram apenas os gestos, muito mais aptos a revelar quem alguém realmente é. Gestos executados com uma precisão absoluta por todos os oito integrantes do elenco (Yasmin Gomlevsky, Gustavo Damasceno, Thiago Guerrante, Ricardo Lopes, Patricia Callai, Nuaj del Fiol, Felipe de Barros, Gustavo Luz). Gestos cujo alcance é amplificado pelas máscaras (de Mona Magalhães) e figurinos (de Maria Duarte e Márcia Pitanga) — que remetem ao cinema expressionista alemão e ao mundo de Tim Burton —, pelo desenho de luz (de Elisa Tandeta) e sobretudo pela música (de Borut Krzisnik), fundamental na construção do clima sombrio de um espetáculo que, embora mudo, é cheio de som e fúria.

Neste momento decisivo de nossa vida política, trata-se de um espetáculo imprescindível.

02/10/2018

41. As feridas abertas da América Latina
Crítica da peça *Antes que a definitiva noite se espalhe em Latinoamerica*

O título do espetáculo dirigido por Felipe Hirsch, tirado de um verso da canção "Soy loco por ti, America", contém um diagnóstico da situação política na América Latina: vivemos um tempo de obscurantismo e estamos pagando o preço por não termos elaborado devidamente os crimes perpetrados pela ditadura civil-militar que se instaurou no Brasil entre 1964 e 1985 (e que se espalhou por diversos outros países do continente, onde posteriormente o trabalho de elaboração foi mais bem-sucedido).

Esse título, que tem tom de manifesto, torna problemática uma análise eminentemente formalista do espetáculo. Cada episódio parece endereçar aos espectadores uma questão ética inescapável: o que é possível fazer "antes que a definitiva noite se espalhe em Latinoamerica"?

Os seis renomados artistas latino-americanos convidados especialmente para escrever os textos que estão na origem de cada episódio (André Dahmer, Rafael Spregelburd, Nuno Ramos, Pablo Katchadjian, Manuela Infante e Guillermo Calderón) foram os primeiros, cada um a seu modo, a esboçar uma resposta. De cada "resposta", brotam mil outras perguntas.

Dada a sua origem eminentemente literária, ou textocêntrica, o espetáculo acaba se parecendo com um livro de contos autônomos que se podem ler em ordem variada. (Em entrevista anexa ao belo programa do espetáculo, Hirsch fala em uma continuação com outros seis textos que ficaram de fora). Nele, as questões do papel social do artista e das sempre conflituosas relações entre a cultura estabelecida e a arte, a regra e a exceção, a convenção e a invenção são esboçadas por meio de procedimentos diversos: um leilão sem quarta parede; um diálogo dramático; uma performance; uma fábula; uma tragédia (baseada em fatos reais); um relato autoficcional; e um poema que, não sem alguma ironia, sublinha a necessidade de "seguir em frente".

O efeito de cada conto, como sabem os amantes desse tipo de literatura, é desigual. O fato de terem sido escritos no calor da hora explica o seu teor algumas vezes explícito demais, beirando o didatismo.

O cenário de Daniela Thomas e Felipe Tassara, composto por colchões velhos dispostos no piso e ao fundo, aporta uma interessante instabilidade ao afiado trabalho dos atores em cena: Debora Bloch, Guilherme Weber, Jefferson Schroeder e Renata Gaspar, além das participações (breves demais!) de Blackyva e Nely Coelho, uma mulher trans e uma mulher negra, cujas vozes ("Parem de nos matar!") e cujos corpos representam concretamente todas aquelas cujas vidas estão em risco apenas por serem dissonantes no coro dos "homens de bem".

Ao fim, fica uma questão: na luta para impedir que a atual noite se torne definitiva, será mesmo que uma arte que faz dessa tarefa o seu tema e a sua meta explícita é mais eficaz do que uma arte que, operando por um desvio estratégico (penso aqui em *Domínio público*), visa a efeitos mais sensoriais e ambíguos do que lógicos e discursivos?

Como as veias da América Latina no livro de Eduardo Galeano, esta é uma questão que permanece aberta.

01/02/2019

42. À espera de um milagre
Crítica da peça *Milagre na cela*

Jorge Andrade (1922-1984) é um dos maiores dramaturgos brasileiros modernos. Sua obra, talvez a mais orgânica de nosso teatro, ombreia em importância e extensão com a de seu contemporâneo Nelson Rodrigues (1912-1980). O número de montagens de suas peças, entretanto, deixa muito a desejar. Por isso, sempre que aparece uma nova montagem de algum texto de Jorge Andrade, vale a pena correr para o teatro.

Milagre na cela, peça publicada em livro em 1977 com prefácio de Antonio Candido, foi originalmente interditada pela censura e só pôde ser montada após o fim da ditadura civil-militar. Trata-se de uma reflexão sobre a tortura como política de Estado, construída sob duas óticas: a de uma freira ligada à Teologia da Libertação, tachada de comunista, presa arbitrariamente e submetida às maiores atrocidades nas mãos de um torturador da estirpe do coronel Carlos Alberto Brilhante Ustra; e a desse torturador que, entre uma sessão e outra de pau de arara, choques elétricos, espancamentos, estupros e assassinatos, volta para casa e se comporta como um bom marido e um pai afetuoso.

A montagem em cartaz no Teatro Maria Clara Machado, com direção de Chico Suzano, baseia-se em uma redução inteligente do texto original. Os cortes cirúrgicos feitos no texto de Jorge Andrade deram ao diretor a possibilidade de construir um espetáculo com cenas curtas, transições ágeis e soluções cênicas inventivas, amparadas pelo cenário simples e funcional de José Dias. Essa operação dramatúrgica sem dúvida melhora o original de 1977, palavroso demais, e ensina que uma apropriação contemporânea de uma obra clássica pode amplificar a sua potência e a sua atualidade sem precisar ceder à tentação dos "cacos" ou dos paralelos históricos fáceis, que roubam do espectador a possibilidade de construir suas próprias associações.

Ainda que a freira Joana (vivida com sobriedade e precisão por Ticiana Passos), que resiste à tortura até o fim, seja a heroína da história, o protagonista da peça é o torturador Daniel (vivido por Renato Reston). É eticamente problemático e historicamente implausível o modo como Jorge Andrade tenta humanizar a figura de Daniel, fazendo com que ele se apaixone romanticamente pela freira em meio às sessões de tortura, mas essa tentativa de humanização levanta algumas questões inescapáveis no Brasil atual: o que leva um "homem de bem", um homem que se diz religioso, pretensamente bom pai e bom esposo, a louvar e a praticar a tortura? O que faz uma "pessoa comum" aceitar como normal ou inevitável a tentativa de exterminar o outro apenas porque o outro pensa ou age ou é diferente?

Em outras palavras: como entender um fascista? É possível levar um fascista a compreender que o respeito à diferença e aos direitos humanos não é "coisa de esquerdista", mas a própria base de qualquer sociedade civilizada? Ou esperar por isso é o mesmo que esperar um milagre?

24/05/2019

43. A marca da maldade
Crítica da peça *Diário do farol*

João Ubaldo Ribeiro (1941-2014) é inegavelmente um dos maiores romancistas brasileiros do século XX. *Viva o povo brasileiro*, sua grande obra, é leitura indispensável para entender a história do Brasil, desde o nosso passado marcado pela barbárie da violência colonialista até o nosso presente tristemente assombrado por uma mentalidade neocolonial. Curiosamente, pelas mãos do recentemente falecido Domingos de Oliveira (1936-2019), Ubaldo, que nunca escreveu uma peça de teatro, vai se tornando também um de nossos maiores dramaturgos contemporâneos.

Depois da deliciosa adaptação feita por Domingos de "A casa dos budas ditosos", monólogo protagonizado por Fernanda Torres, chega à cena *Diário do farol*, adaptação do romance de Ubaldo inspirada por Domingos, dirigida por Fernando Philbert e protagonizada por Thelmo Fernandes. O fato de esses dois romances terem servido de ponto de partida a dois monólogos tão provocadores mostra o quanto o campo do teatro ganha ao explodir a forma canônica do drama e se deixar contaminar pela liberdade da forma romanesca.

Em um cenário despojado, com plásticos opacos pendurados no teto que evocam as falésias da ilha na qual se retirou o protagonista (mas também a opacidade da maldade humana, nossa dificuldade de vê-la e compreendê-la), ele afirma que precisa satisfazer sua vaidade e que por isso vai contar sua história. Vivendo seus últimos dias isolado no farol que mandou construir para si, ele pretende lançar luz sobre as origens de sua própria maldade e sobre o modo como, dependendo das circunstâncias, qualquer um pretensamente poderia se transformar em uma "máquina de matar".

A sobreposição de uma história pessoal e da história recente do Brasil — "A ditadura militar", diz o protagonista a certa altura, "parece ter sido implantada comigo em mente" — confere ao trabalho múltiplas camadas, tornando insustentáveis as visões redutoras que pensam o bem e o mal como características inatas. Trata-se, sem dúvida, de "uma peça sobre a maldade", mas sobretudo de uma reflexão sobre o modo como um desejo de justiça a princípio justificável pode degringolar em uma apologia da tortura e do terrorismo de Estado.

Manipulando sagazmente a conhecida simpatia e a explícita bondade impressa na figura do ator Thelmo Fernandes, o trabalho joga o tempo todo com a possibilidade de nos identificarmos com ele e entendermos os seus motivos — a cena em que ele canta "My Way" e convida o público a participar é emblemática desse "convite à comunhão" —, apesar da série de atrocidades que ele vai narrando com aquele distanciamento irônico característico de um outro grande canalha de nossa literatura, Brás Cubas.

Ubaldo, que se orgulhava de saber recitar trechos inteiros de Shakespeare em inglês, constrói o mito da origem de sua maldade a partir de uma paródia da cena do espectro em *Hamlet*. Depois que sua mãe morre em circunstâncias misteriosas e que seu pai se casa imediatamente com a cunhada, desrespeitando o tempo de luto, o narrador recebe a visita do fantasma da mãe, que exige vingança. Movido a princípio por esse legítimo desejo de se vingar de um pai que, além de matar a mãe, o oprimiu barbaramente a vida toda, o protagonista conta como, depois de se tornar padre por imposição do pai, valeu-se da batina para realizar as maiores perversidades, tornar-se um influente agente da repressão e finalmente, como Hamlet, cumprir o seu destino.

Findo o espetáculo, resta um travo amargo na boca dos espectadores. *Diário do farol* é um retrato mais atual do que nunca da mentalidade de homens que, movidos pelo ressentimento e o desejo de vingança, sentem-se autorizados a recusar o Estado de direito e a abraçar a mais arcaica de todas as concepções de justiça: a justiça do "olho por olho, dente por dente", do "bandido bom é bandido morto", que instaura um ciclo interminável de crimes ao cabo do qual já não restará mais ninguém para contar a história.

13/09/2019

44. Sangue, suor e testosterona em excesso
Crítica da peça *Billdog 2: O monstro dentro dele*

Em *O irlandês*, último filme de Martin Scorsese, Robert De Niro interpreta um soldado da máfia ítalo-americana cuja principal função é cobrar dívidas e executar os rivais de seus patrões. O fato de o filme retratar a vida desse matador de aluguel ao longo de mais de 40 anos lhe dá uma densidade psicológica rara nesse tipo de obra. Indo além dos clichês dos "filmes de máfia" e do excesso de testosterona dos "filmes de ação", Scorsese constrói um épico existencialista sobre o embrutecimento causado pelas guerras. Os assassinatos ilegais cometidos pela personagem de De Niro a serviço da máfia são uma extensão das execuções sumárias que o Estado o estimulou a realizar durante a Segunda Guerra Mundial.

Nesse ponto, a trajetória ficcional de De Niro não é muito diferente da trajetória real do capitão Adriano da Nóbrega. Como a personagem do célebre ator, também ele começou como soldado da Polícia Militar e posteriormente do BOPE, tendo realizado inúmeras execuções sumárias "em serviço", ou seja, em nome do Estado; passou a trabalhar como matador de aluguel para diversos braços das máfias locais; e, finalmente, fundou sua própria milícia. Não deixa de haver certa ironia trágica no fato de ele acabar tendo sido executado pelo mesmo BOPE em que aperfeiçoou suas técnicas homicidas e sua ética fascista que prega a limpeza social.

Num contexto em que as ligações perigosas entre um assassino condenado e a família do atual presidente da República foram convertidas em uma novela de causar inveja ao roteirista do filme de Scorsese, *Billdog 2* — a continuação da saga teatral de um matador de aluguel — aparece sob nova luz.

A cena se constrói como uma brincadeira heteronormativa de meninos grandes, fãs de blues e rock. A despeito dos litros de suor derramados pelo protagonista Gustavo Rodrigues ao interpretar mais de quarenta personagens ao longo da peça, nenhuma das personagens tem motivações minimamente críveis. Menos que personagens, são em verdade tipos embebidos em uma longa história de clichês extraídos de romances policiais "*hard-boiled*", filmes *noir* e, no que diz respeito à bem-humorada trilha sonora executada ao vivo por Tauã de Lorena, histórias em quadrinhos.

A costura precária dos episódios e o tom da atuação (dirigida pelo protagonista em parceria com o autor Joe Bone e sob a supervisão de Guilherme Leme Garcia) nos remetem ao universo das comédias em pé. Nele, importam muito mais os efeitos espalhafatosos e o uso cômico de referências culturais familiares do que qualquer verdade cênica ou social.

Um espetáculo apoiado exclusivamente na paródia de clichês da cultura pop certamente não tem como interessar quem busca no teatro novas facetas do humano ou uma visão adulta da vida em sociedade. Em um momento histórico no qual o riso cínico diante dos próprios absurdos se tornou o álibi preferido dos donos do poder, *Billdog 2* talvez até pretenda ser puro entretenimento, mas acaba defendendo posições estéticas e políticas ingênuas e reacionárias.

21/02/2020

45. Quem ri por último ri pior
Crítica da peça *Ielda: Comédia trágica*

Crimes e pecados, lançado em 1989, é possivelmente o melhor filme de Woody Allen. Além de discutir a antiga querela entre ciência e religião, o filme contrapõe os dissabores de um diretor de documentários experimentais que ninguém vê e o enorme sucesso de um produtor de séries televisivas que triunfa apesar de sua superficialidade e vaidade extremas. É, no entanto, da boca desse produtor que sai uma das melhores definições de comédia jamais formuladas: "Comédia é igual a tragédia + tempo."

Para além da óbvia referência à célebre frase de Karl Marx — "A história sempre se repete: primeiro como tragédia, depois como farsa" —, a ideia de que, com o tempo, somos capazes de rir mesmo dos acontecimentos mais atrozes pode ser lida como a chave para a compreensão da peça *Ielda: Comédia trágica*, com texto e direção de Renato Carrera.

Embora se passe em 1989 em torno do *frisson* causado no país pelo último capítulo da novela *Vale tudo* e seja repleta de referências aos trágicos acontecimentos daquele ano — a banana do empresário corrupto Marco Aurélio deixando o Brasil para trás, o naufrágio do Bateau Mouche, a queda do Muro de Berlim e a eleição de Collor —, a peça se estrutura como uma comédia rasgada, beirando o *thrash*. O tom farsesco típico dos melodramas televisivos é constantemente interrompido por números musicais que, prenhes de trocadilhos cômicos apenas em aparência, deixam um travo amargo na boca dos espectadores. Nesse ponto, Renato Carrera é fiel aos ensinamentos de Bertolt Brecht, para quem números musicais, em vez de apenas ilustrarem uma cena, devem servir como contrapontos dialéticos capazes de produzir o distanciamento reflexivo e convidar à ação política da plateia.

O elenco encampa com engajamento a proposta da direção. Trajados com pesada maquiagem farsesca e maiôs cor da pele sobre os quais vez por outra se acrescentam adereços que caracterizam os inúmeros personagens que comparecem na trama, Ângela Câmara, Carolina Ferman, Fernanda Sal, Marcel Giubilei, Ricardo Lopes, José Karini, Renato Carrera e Jean Marcel Gatti cantam, dançam, tocam instrumentos e interpretam seus personagens sem jamais aderirem plenamente a nenhum deles. Seja no núcleo rico dos patrões da doméstica Ielda, seja no beco vizinho ao Sambódromo em que habita a protagonista, que acaba de fundar uma nova igreja apenas para ganhar um dinheiro fácil, ninguém escapa à crítica social visada pelo espetáculo. Todos, cada um a seu modo, seriam responsáveis por nossa interminável tragédia nacional.

Ainda que, em tempos de perseguição à arte e aos artistas e do mau uso do nome de Jesus como desculpa para todas as violências, a intenção crítica da produção mereça ser louvada, a excessiva duração da apresentação de estreia e uma trama rocambolesca demais fizeram com que o potencial subversivo da montagem acabasse diluído. Para que se torne mais efetiva a proposta de dar um basta ao riso apaziguador diante de todos os absurdos cometidos pelos antigos e atuais donos do poder, seriam talvez bem-vindos cortes no enredo e o enxugamento na duração de algumas cenas.

10/01/2020

46. Eu prefiro ser esse mimeógrafo ambulante
Crítica da peça *Prova de amor*

Cadeiras em roda, uma mesa com cafezinho e bolo para quem quiser, um clima acolhedor. Atrizes e atores vestidos à paisana desfazem a tradicional separação entre palco e plateia. A horizontalidade não é apenas afirmada discursivamente, mas garantida pelo próprio dispositivo cênico. Um começo promissor.

Prova de amor é uma peça que é uma roda de conversa. Se antes dos últimos episódios envolvendo a censura de tantas peças Brasil afora — inclusive *Caranguejo Overdrive*, também escrita por Pedro Kosovski (que dirige este trabalho e assina a dramaturgia em parceria com Manuela Llerena) —, a ideia era fazer um debate sobre uma peça que teria acabado de acontecer, deixando fragmentos do que teríamos acabado de ver aparecerem nas intervenções dos atores, o momento político exigiu um deslocamento da ideia original: propõe-se um debate sobre uma peça que não pôde acontecer.

A primeira pergunta endereçada ao público já é uma provocação: "por que vocês acham que esta peça não pôde acontecer?" No dia em que assisti à apresentação, a resposta da maioria dos presentes foi a mesma: "censura". Mas houve vozes dissonantes — um senhor afirmou que "teoricamente a censura não existe no Brasil". A partir daí, diversas outras perguntas são endereçadas ao público e, por mais que a plateia de um espaço como o Sesc Copacabana seja mais homogênea do que a do "Brasil real", o fato de o espetáculo efetivamente abrir-se a uma recepção dissonante não é um mérito pequeno.

A crença de que a inventividade na recepção de uma obra de arte pode ser mais fundamental do que as intenções de seus criadores é o cerne desse experimento cênico. A história que vai sendo apresentada em fragmentos é a história de um casal, Fernando e Nina, perseguidos nos anos de chumbo da ditadura civil-militar brasileira por terem imprimido em um mimeógrafo caseiro, cuja réplica é apresentada em cena, panfletos denunciando as violações cometidas pelo regime. Imaginar que alguém possa ter sido preso, torturado e até mesmo assassinado por uma ação de alcance subversivo tão limitado quanto essa arrepia os cabelos de espectadores que hoje assistem a tantos artistas serem silenciados.

Por que os poderosos têm sempre tanto medo da arte e dos artistas?

A metáfora do mimeógrafo é a chave para a inteligibilidade do espetáculo. Essa tecnologia rudimentar de reprodução técnica aponta para o trabalho dos seis atores em cena (Ana Lú Nepomuceno, Eduardo Ibraim, Jogo Rodrigues, Manuela Llerena, Matheus Macena e Raquel Villar), que mimetizam uma história ocorrida em outro tempo e lugar embebendo-a no álcool de suas próprias experiências e dos recursos cênicos disponíveis (um mandado de prisão, 2 mil páginas de um processo judicial, um tablet no qual conversam com um advogado, depoimentos gravados de quem viveu a época, pequenas reconstituições polifônicas dos episódios narrados e sobretudo cordas, muitas cordas, que não raro machucam a carne). Mas aponta sobretudo para uma curiosa metamorfose produzida nos próprios espectadores: como os atores com que colaboramos na construção da peça, também nós somos convertidos em mimeógrafos ambulantes, convidados a difundir em outras rodas de conversa todas as marcas deixadas em nossos corpos por uma tragédia que hoje se repete como farsa.

15/11/2019

47. Precisamos falar sobre tortura
Crítica da peça *Três maneiras de tocar no assunto*

"*Bullying* é uma palavra criada a partir do gerúndio do verbo *to bully* — que significa tiranizar, oprimir, ameaçar ou amedrontar — para descrever atos de violência física intencionais e repetidos. No Brasil, o *Dicionário Houaiss da Língua Portuguesa* indica a palavra *bulir* como equivalente a *mexer com, tocar, causar incômodo, produzir apreensão em, fazer caçoada, zombar*. Existem, entretanto, alternativas como acossamento, ameaça, assédio, intimidação. E eu gostaria de acrescentar mais uma opção: tortura."

As palavras do professor que abre a peça *Três maneiras de tocar no assunto*, escrita e protagonizada por Leonardo Netto e dirigida por Fabiano de Freitas, apontam para um dos maiores poderes da arte: chamar as coisas por seus nomes verdadeiros. Uma vez que são encaradas frontalmente e nomeadas de forma precisa e objetiva, já não temos mais como fechar os olhos complacentemente e naturalizar a violência extrema embutida em certas práticas sociais. Somos convocados a nos posicionar, a (re)agir, a abandonar a "confortável" posição de indiferença ou mesmo de apatia. Não espanta, portanto, que todos os regimes totalitários tenham medo da arte e dos artistas. Não causa estupor que, nesses regimes, a censura, de formas mais ou menos veladas, se torne moeda corrente.

A tarefa explicitamente assumida pelo texto de Leonardo Netto já está contida em seu título: trata-se de desnaturalizar o *bullying*, a tortura, a censura e a perseguição às diferenças e aos "diferentes". Trata-se de descrever de forma a um só tempo distanciada e indignada, irônica e radicalmente implicada — o registro da atuação pendula de modo constante entre esses dois extremos —, a homofobia estrutural de nossa sociedade. Esse é o assunto da peça.

Um trabalho artístico, no entanto, não tira a sua força dos temas que aborda, por mais importantes que possam ser. O pulo do gato desta peça está nas "três maneiras" de tocar no assunto encontradas pelo autor e pelo diretor.

Dividida em três partes, a peça parte de um retrato da violência estrutural presente em nossas escolas e de suas consequências nas vidas de alguns jovens, incluindo o próprio autor, que foram diretamente afetadas por ela; passa pela descrição em primeira pessoa da "rebelião de Stonewall", verdadeira aula de história sobre um momento fundamental na luta pelos direitos civis dos homossexuais e sobre possíveis estratégias de resistência; e culmina na pungente montagem de uma série de fragmentos de discursos do deputado Jean Wyllys na imprensa e no Congresso Nacional, antes de ele ter sido forçado ao exílio.

Entremeando os capítulos da história, músicas e vídeos vão invadindo as vísceras dos espectadores, no sentido de nos indignar e quiçá engajar no combate a todas as violências apresentadas em cena. Saindo do teatro, Brecht não parava de gritar em meu ouvido: "Que nada seja dito natural, para que nada seja dito imutável". Catei uma pedra redonda na rua e a trago ainda agora fortemente apertada entre os dedos.

11/10/2019

48. Poesia e sangue nos olhos
Crítica da peça *Colônia*

Ao entrar em sala de aula, o professor faz uma mesura exagerada. Dobra o corpo e leva o peito quase até o chão, como um bailarino. Ou uma garça. Se o cenário de *Colônia*, peça-palestra com direção de Vinicius Arneiro — uma sala de aula com um quadro-negro ao fundo, uma cadeira e uma pequena mesa em primeiro plano —, era a princípio bastante familiar, com uma leve torção (do corpo!), ele se torna imediatamente estranho, "infamiliar" (Freud diria: *unheimlich*).

O professor enche o seu copo de água. As palavras, como as flores, também sentem sede. A língua, sem a devida lubrificação, murcha. A língua é um órgão sexual importante. A fala só é possível quando algumas condições materiais mínimas são satisfeitas. E, sempre o souberam os poderosos de todos os tempos, não é tão difícil assim "insatisfazê-las". Na ausência dessas condições, reina (ou resta) o silêncio. Não o silêncio do elogio de Mallarmé à página em branco, mas o silêncio do trauma. O silêncio das máscaras de Flandres. O silêncio dos choques. O silêncio eloquente dos silenciados e suicidados pela sociedade.

O som da água enchendo o copo preenche a sala. O professor ignora o limite estabelecido pelo recipiente. A água começa a transbordar. Antes que tudo fique inundado, ele interrompe o gesto. Deposita a jarra sobre a mesa. Mas o som continua. Amplificado pelas caixas do teatro, instaura-se uma dissonância entre o que se vê e o que se ouve. O copo segue transbordando. O som dessa água fluindo e escapando do recipiente que deveria contê-la é a metáfora central do espetáculo: "Falar é existir. Isso aqui é uma maneira de existir. Se me silenciarem de novo, eu vou deixar de existir. Como fizeram todos eles."

Colônia nasce do desejo de denunciar o silenciamento e a aniquilação dos corpos divergentes no hospital psiquiátrico Colônia de Barbacena, mas vai muito além: acaba revelando o quanto a "Cultura", como máquina de produzir rótulos sempre redutores, é intrinsecamente colonialista. À cultura racista, misógina e normalizadora de nosso mundo caduco, o extraordinário texto de Gustavo Colombini reage com um gesto godardiano: "Se a cultura é a regra, a arte é a exceção."

Obedecendo ao princípio freudiano da associação livre e guiado pela palavra "colônia", significante-mestre do trabalho, o professor vivido por Renato Livera costura os fragmentos de sua fala (e as garatujas no quadro-negro ao fundo) de modo a construir massas sonoras, imagéticas e semânticas articuladas por associações aparentemente disparatadas — os insetos sociais, a pornografia, os alpinistas, os loucos, as crianças, a lei do copyright, os silenciados, os poetas, os amantes —, mas que lentamente vão produzindo sentidos e sensações singulares no corpo de cada espectador. Com uma dicção "infamiliar" e encantatória, o ator degusta o sabor de cada palavra e faz emergir algo raro: um pensamento descolonizador que deixa o espectador com sangue nos olhos.

09/08/2019

49. Peça-aula sobre o racismo nosso de todo dia
Crítica da peça *Contos negreiros do Brasil*

"O Brasil é racista! Muitos acreditam no mito da democracia racial e na meritocracia. Mas a sociedade brasileira é racista. A cor da pele e o risco de exposição à violência estão relacionados. Cerca de 30 mil jovens são assassinados no país por ano, e 77% são negros. Um verdadeiro genocídio da juventude negra. A cada 23 minutos, um jovem negro é assassinado no Brasil."

O ator Rodrigo França entra em cena sozinho. Depois de escrever seu nome em um dos três blocos de alturas variadas que, junto com algumas cadeiras, são o único cenário da peça, ele apresenta fragmentos de sua biografia. Na sequência, adotando um tom caloroso, entre o didático e o irônico, característico dos professores que querem compartilhar conhecimentos adquiridos nos livros, mas também na carne, ele escreve em letras garrafais a palavra "violência" e começa com as palavras que abrem este texto sua aula sobre o racismo estrutural da sociedade brasileira.

Contos negreiros do Brasil, com direção de Fernando Philbert, é fundamentalmente uma peça-aula. Trata-se de desconstruir, através de números e reflexões baseadas nas obras de alguns dos principais pensadores do Brasil, como Milton Santos, o mito da democracia racial. Por mais que esse mito jamais tenha tido qualquer verossimilhança, há ainda muitas pessoas que se agarram a ele. A essas pessoas, que se iludem ou se desculpam pelo próprio racismo com argumentos insustentáveis do ponto de vista sociológico (como aquele que afirma só existir uma raça, a humana), o professor pergunta: "Quantos negros você encontra viajando de avião? Quantos negros você encontra nos restaurantes? Quantos negros você vê nos museus e cinemas? Sem estarem servindo!"

Para que o letramento em questões raciais visado pelo trabalho seja mais efetivo, a dramaturgia se constrói com base na alternância entre fragmentos da aula do professor Rodrigo e a encenação dos contos negreiros escritos por Marcelino Freire. Esse entrecruzamento entre uma dimensão documentária e cenas ficcionais, protagonizadas por personagens negras as mais heterogêneas, permite que as informações dadas pelo professor adquiram a intensidade de vivências corporais concretas.

O ponto alto do espetáculo é o momento em que os outros quatro atores em cena, até então unicamente responsáveis pela representação das cenas ficcionais, repetem o gesto inicial de Rodrigo e escrevem, um a um, seus próprios nomes nos blocos ao fundo do palco. Numa sequência que vai progressivamente agarrando as vísceras dos espectadores, Marcelo Dias, Valéria Monã, Milton Filho e Aline Borges contam cenas de suas biografias que, embora de estrutura semelhante à dos contos de Marcelino, ultrapassam em muito o seu poder de comover e de instruir.

Evidência de que, no teatro contemporâneo, a síntese entre documentário e (auto)ficção costuma ter um alcance muito mais amplo do que as ferramentas convencionais do drama burguês.

01/11/2019

50. Um grito de liberdade
Crítica de *Traga-me a cabeça de Lima Barreto*

"Por que bonita, se coxa? Por que coxa, se bonita?" Assim o racista cordial Brás Cubas descreve a adolescente Eugênia, de família pobre, cuja vida ele destruiu quase sem perceber, exercendo a velha prerrogativa dos poderosos. A ironia contida no nome da personagem, a mais admirável de todas as criaturas retratadas pelo defunto autor de *Memórias póstumas de Brás Cubas*, não deixa dúvidas: Eugênia, etimologicamente "a bem-nascida", "a de bons genes", é não obstante apresentada como tendo um defeito biológico.

Por trás do sorriso escarninho de Brás Cubas, um dos personagens mais sórdidos da literatura brasileira, é possível entrever o rosto sério e a crítica contundente que Machado de Assis, o primeiro escritor negro do Brasil que conseguiu furar o muro do preconceito de raça e de classe, faz às elites escravocratas do país.

A despeito das muitas concessões que fez para ascender socialmente e se tornar o primeiro presidente da Academia Brasileira de Letras, pelas quais é criticado de forma irônica em *Traga-me a cabeça de Lima Barreto*, Machado, já em 1881, ano de nascimento de Lima, denunciava a operação ideológica mais utilizada pelos racistas de ontem e de hoje: a tentativa de justificar os efeitos de uma organização social iníqua — a marginalização dos corpos negros — com base em uma pretensa inferioridade natural, "um defeito de cor", para citar o livro já clássico de Ana Maria Gonçalves.

A ridicularização dessa mesma operação ideológica é o ponto de partida do espetáculo escrito por Luiz Marfuz e dirigido por Fernanda Júlia, fundadora e diretora do Núcleo Afrobrasileiro de Teatro de Alagoinhas. Passada em um fictício congresso de eugenistas brasileiros que se valem daquele jargão científico que era a última moda no tempo de Lima Barreto (1881-1922) para sustentar posições insustentáveis — mas que até hoje continuam ganhando eleições mundo afora —, a peça acompanha o modo como os intelectuais brancos ali reunidos fazem a dissecação do cérebro do autor de *Clara dos Anjos* e *Cemitério dos vivos*.

A questão que motiva a busca desses "homens de bem" (Renato Kehl, Nina Rodrigues, Afrânio Peixoto, Monteiro Lobato, entre outros) é a seguinte: "Como um cérebro de raça inferior poderia ter produzido tantas obras literárias — romances, crônicas, contos, ensaios e outros que tais — se o privilégio da arte e da boa escrita é das raças superiores?"

O que esses "çábios" não esperavam é que um Lima redivivo reencarnaria diante de seus olhos no corpo de um Hilton Cobra tão atravessado por vozes e gestos ancestrais, tão vivo e pouco afeito às convenções e ao bom-tom quanto a própria prosa e a própria vida de Lima Barreto. Fundador da Cia dos Comuns, grupo fundamental na história do teatro negro contemporâneo, Cobra sustenta gozosamente essa provocante experiência de teatro documentário. Evocando chocantes documentos históricos de nosso racismo estrutural, a presença de seu corpo em cena reverbera o inconformismo de Lima e tem a eloquência de um grito: de novo não!

21/10/2018

51. A voz e a vez de Lima Barreto
Crítica da peça *Lima entre nós*

A cena teatral carioca tem assistido a um crescimento vertiginoso no número de monólogos. Por um lado, isso é o sintoma de uma doença: a ausência do poder público no fomento à cultura. Por outro, esse crescimento tem mostrado que, "ali onde cresce o perigo, cresce também o que salva", como escreveu Nietzsche, filósofo quase contemporâneo de Lima Barreto que, como ele, conheceu de perto a loucura.

A necessidade de levantar espetáculos com parcos recursos e uma equipe cada vez mais reduzida tem levado muitos atores e atrizes a investir em processos altamente pessoais, autorais, movidos pelo desejo de fazerem ecoar no mundo obras cuja existência, por uma razão ou por outra, lhes parece imprescindível.

Esses trabalhos, de origens as mais diversas — um poema, um diário, um romance, uma crônica, uma peça —, têm alargado as fronteiras do teatro na cidade, que assim vai se tornando mais aberto a novas experimentações cênicas e a vozes que outrora teriam sido forçadas a permanecer nas margens da história dita oficial, a "história dos vencedores" de outrora e de agora.

Lima entre nós, como o próprio título indica, é a tentativa de mostrar ao espectador contemporâneo o quanto a obra de Afonso Henriques de Lima Barreto (1881-1922) permanece atual quase 100 anos após a sua morte. Críticas à corrupção da República, ao racismo estrutural da nossa sociedade, ao machismo, ao feminicídio, ao modo como as instituições psiquiátricas foram sempre usadas como armas para marginalizar os corpos e vozes divergentes poderiam ter sido escritas hoje de maneira literalmente idêntica.

Se a atualidade foi sem dúvida o critério para a seleção dos fragmentos da obra de Lima recolhidos pela dramaturgia, a descontinuidade é talvez a palavra-chave do espetáculo e se torna visível em múltiplos níveis.

Leandro Santanna, produtor e diretor da Companhia Teatral Queimados Encena, sob a direção de Márcia do Valle, encarna um Lima absolutamente humano e contemporâneo, frágil em seu desamparo e forte em sua revolta, que não teme os saltos narrativos e afetivos que a todo momento dá, avessos a qualquer psicologismo. Apesar da linguagem não raro literária de que se vale, Leandro constrói com a plateia uma relação calorosa e próxima.

O cenário de papéis soltos pelo chão, que ora o ator espalha, ora recolhe, ainda que a princípio pareça recair no lugar-comum do "retrato do escritor", justifica-se por materialmente chamar a atenção para a descontinuidade da vida e da obra de Lima.

Finalmente, *Lima entre nós* afirma que nenhuma vida, quando olhada de perto, é uma linha reta do princípio ao fim. Há sempre abismos insondáveis e saltos inexplicáveis, brechas e fraturas que, quando recalcadas, calam justamente as vozes periféricas que constituem não apenas o corpo social, mas o nosso próprio corpo biográfico. Neste sentido, a aposta na descontinuidade é a aposta na construção de uma outra história, na qual todos os "corpos divergentes" tenham não apenas voz, mas sobretudo vez, efetivos direitos de cidadania.

30/11/2018

52. Crítica da razão eurocêntrica
Crítica da peça *Eu, Moby Dick*

"Na terra devastada de vocês, o primeiro aprendizado é dizer 'eu'. Imaginem ter que dizer tudo o que queremos dizer sem usar o pronome reto 'eu'! Acabei aprendendo a falar como vocês. Mas não aprendi a sentir como vocês. E talvez o amor tenha a ver com isso: quando vocês amam, vocês dizem 'Eu te amo'. Vocês dizem 'eu' em primeiro lugar. Agora façam esse esforço de imaginação: como seria a vida sem dizer 'eu'? Assim é o amor."

Essas palavras são de Queequeg, o primeiro companheiro de bordo que Ishmael, único sobrevivente do baleeiro *Pequod* e narrador de *Moby Dick*, romance de Herman Melville publicado em 1851, encontra em seu relato. Queequeg era de um amarelo escuro, purpúreo e tinha o corpo todo tatuado com grandes quadrados enegrecidos. Arpoador da Nova Zelândia conhecido por vender cabeças humanas, ele "representa o avesso, o outro lado da história, os lugares da Terra que estão fora do mapa", segundo a interpretação de Pedro Kosovski, dramaturgo de *Eu, Moby Dick*, peça dirigida por Renato Rocha, atualmente em cartaz no Oi Futuro Flamengo.

O princípio da dramaturgia de *Eu, Moby Dick* é impecável: ao traduzir para o palco obras canônicas da literatura ocidental, não se trata de infantilizar o público e simplesmente recontar em cena o enredo dessas obras. Nas obras mais significativas de qualquer arte, o enredo é o que menos importa. Trata-se, sim, de compor um ensaio sobre as obras. De fazer da "sala de ensaios" um lugar de pensamento, de experimentação a partir da linguagem e das questões da obra.

O *Leitmotif* de Pedro Kosovski é o de que, até hoje, tendemos a ler *Moby Dick* identificando-nos com a perspectiva do "homem branco ocidental" personificado pelo Capitão Ahab. Desde o início do espetáculo, essa identificação é desconstruída. A proposta é que os espectadores se identifiquem com o outro da razão eurocêntrica: seja com o delicado e amoroso Queequeg, seja com a própria Moby Dick, cuja resistência muda em tornar-se "óleo de baleia" — principal combustível do sistema capitalista internacional antes da "descoberta" do petróleo — é lida como emblema da resistência dos corpos negros diante desse mesmo sistema. Mais de uma vez na peça, a atriz negra Noemia Oliveira, assumindo a perspectiva de Moby Dick — daí o título do espetáculo —, repete: "Parem de nos matar."

Essa interpretação que pretende deslocar o primado do "eu branco ocidental" na leitura do mundo é até certo ponto contradita por uma espécie de narcisismo cênico. Ainda que o cenário de Bia Junqueira nos transporte materialmente para dentro da baleia branca — a escultura de cadeiras de plástico transformadas na espinha dorsal de Moby Dick é um achado! —, a movimentação excessiva dos quatro atores em cena (além de Noemia Oliveira, Gabriel Salabert, Márcio Vito e Kelzy Ecard), o bombardeio de imagens projetadas em vídeo e sobretudo as ininterruptas intervenções sonoras não nos ajudam a experimentar o quão delicadamente, na melhor das hipóteses, "eu é um outro".

28/06/2019

53. Para encontrar refúgio nas raízes
Crítica da peça *Meus cabelos de baobá*

Os romances de formação de matriz europeia, como *Os anos de aprendizado de Wilhelm Meister*, de Goethe, e *Laranja mecânica*, de Anthony Burgess, obedecem a uma estrutura relativamente estável: (1) seus heróis descobrem sua incompatibilidade com as expectativas sociais e tentam se libertar por meio da arte ou da violência; (2) no movimento de reagirem à opressão dos valores tradicionais, fracassam ou são punidos; (3) finalmente, acabam por chegar a uma "solução de compromisso" entre seu desejo juvenil de liberdade e as imposições sociais. Por isso, o "final feliz" desses romances não raro se confunde com o casamento, idealmente pensado como a síntese entre o desejo individual e a convenção social.

Meus cabelos de baobá, espetáculo com texto e atuação de Fernanda Dias e direção de Vilma Melo, pode ser lido como um romance de formação de matriz africana. Apesar de, como os romances de formação de matriz europeia, também se estruturar em três momentos claramente reconhecíveis, registrando a infância, a passagem à idade adulta e finalmente a maturidade de sua protagonista, a peça evidencia como a formação de uma menina negra — chamada de Dandalunda em referência à senhora da fertilidade no candomblé — é inteiramente marcada pelo racismo estrutural da sociedade brasileira.

O primeiro momento de sua trajetória não é determinado pela insubordinação à família. Pelo contrário. A presença da mãe e os bolos de milho da avó, raízes tão firmes quanto as de um baobá, são o antídoto contra a violência do mundo lá fora, mas não têm como protegê-la da descoberta do racismo e da violência de seus colegas de escola. Além de sua amiga Cristal lhe dizer que ela não pode ser médica, nem princesa, nem a bailarina da caixa de música apenas por ser preta, os xingamentos frequentes na rua fazem com que ela sinta medo.

Ao relatar esses episódios, a atriz interrompe a fábula e se dirige diretamente aos espectadores: "Você já sentiu medo em algum momento de sua vida? E você, já sentiu? Aquele medo que te deixou assim paralisado? Eu já tive medo de tanta coisa, de pessoas, do mundo, medo até de mim mesma. Hoje não."

O papo reto com a plateia, em momentos muito bem escolhidos, dá ao todo a textura de uma conversa coletiva, na qual a cena reverbera experiências compartilhadas por muitos de seus ouvintes. Isso transforma todo o teatro em verdadeira caixa de ressonância, borrando os limites entre palco e plateia e construindo um ambiente acolhedor para a partilha de dores e também de alegrias.

Apoiada na música produzida ao vivo pela inspirada diretora musical Beá e por suas parceiras de cena Luiza Loroza e Anna Paula Black, que tocam diversos instrumentos de matriz africana dispostos no palco como verdadeira instalação que tem um baobá delicadamente iluminado em seu centro, Dandalunda conta então como descobriu o amor. E como — eis a torção mais interessante com relação aos amores idealizados dos romances de formação brancos — o amor não pôde ser o refúgio que ela buscava.

Finalmente, mirando-se no espelho com "linhas por todo o corpo gritando a passagem do tempo", Dandalunda funde-se não com um homem idealizado, mas com a própria raiz do baobá. Ela se torna a árvore que servirá de raiz às que estão por vir. O caráter cíclico do tempo das mitologias africanas resplandece em toda a sua força: as que vieram antes dela hão de guiar a sua luta, do mesmo modo que ela, consciente de ser um elo nessa transmissão ancestral, sabe de sua importância para que suas filhas de algum modo elaborem o trauma do racismo cotidiano.

Não por acaso, trechos de Conceição Evaristo, escritora-baobá, permeiam todo o espetáculo. Uma joia para ver e rever.

06/12/2019

54. Uma gota d'água que fez transbordar o oceano
Crítica da peça *Gota d'água {preta}*

"Tradição, traição" — este é talvez o manifesto poético mais sintético jamais escrito. Ele aponta para a necessidade de as grandes obras do passado, costumeiramente chamadas de "clássicos", serem continuamente reinventadas de acordo com as necessidades do presente para permanecerem pulsantes.

A peça *Gota d'água*, escrita por Chico Buarque e Paulo Pontes em 1975, é assumidamente fiel ao imperativo da reinvenção criativa da tradição. Ao se apropriarem da tragédia *Medeia*, de Eurípides, apresentada pela primeira vez em 431 a.C., para pensar o Brasil da ditadura militar, os autores não hesitaram em operar uma série de modificações no original grego, a ponto inclusive de mudarem o seu final.

Seu propósito declarado era o de mostrar o quanto a ilusão de uma modernização a qualquer custo (o suposto "milagre econômico" também prometido pelos "neoliberais" de agora) implicava o sacrifício do povo e da cultura popular, que, tendo os seus meios de subsistência e as suas formas de expressão roubados pelos "reformistas", personificados pelo especulador imobiliário Creonte, seriam forçados a buscar formas mais radicais de organização e resistência.

No plano do drama propriamente dito, essa traição da classe trabalhadora que vivia no conjunto habitacional explorado por Creonte era traduzida nos termos de uma traição conjugal: depois de ter sido sustentado por Joana (a Medeia brasileira) ao longo de dez anos, e de ter tido dois filhos com ela, Jasão, sambista em ascensão, trai sua mulher e a sua classe casando-se com a burguesa Alma, filha de Creonte, que promete usar sua influência para garantir o sucesso do jovem sambista.

Gota d'água {preta}, projeto idealizado e dirigido por Jé Oliveira, fundador do Coletivo Negro, que teve marcante passagem pelos palcos cariocas com *Farinha com açúcar*, um tributo à importância dos Racionais MC's para toda uma juventude negra e periférica, retoma o gesto subversivo de Chico Buarque e Paulo Pontes face ao clássico de Eurípides e dá novas cores e, consequentemente, novo alcance ao clássico nacional. A traição de classe cometida por Jasão (interpretado pelo próprio Jé) é ressignificada como sendo igualmente uma traição de raça. Afinal, uma leitura realista dos habitantes do conjunto habitacional popular explorados por Creonte leva à inevitável conclusão de que eles seriam majoritariamente negros.

Se a pergunta central de *Gota d'água* investiga as possibilidades de resistência e de reação de Joana (vivida agora pela cantora Juçara Marçal) face ao esmagador poderio econômico dos opressores, a resposta oferecida por *Gota d'água {preta}* é inequívoca e se inscreve materialmente na própria forma do espetáculo: trata-se de reparar os negros que foram por tanto tempo silenciados e invisibilizados (também nos palcos).

Por isso, além do elenco majoritariamente negro (Aysha Nascimento, Ícaro Rodrigues, Jé Oliveira, Juçara Marçal, Marina Esteves, Dani Nega, Mateus Sousa, Rodrigo Mercadante e Salloma Salomão) e de uma excelente banda tocando e criando intervenções musicais em cena (DJ Tano, Fernando Alabê, Gabriel Longhitano e Suka Figueiredo), o que o espectador que for ao Teatro Ginástico verá é um verdadeiro acontecimento: o dia em que o rap e os toques e timbres das religiões de matriz africana enegreceram o cancioneiro de Chico Buarque; o dia em que o coro de mulheres negras (as vizinhas de Joana) revelou vocal e corporalmente todo o alcance da palavra sororidade; o dia, enfim, em que o imperativo da representatividade deixou de ser uma quimera e um coletivo de artistas que se avoluma cada vez mais disse "não" ao racismo estrutural da sociedade brasileira dizendo "sim" à riqueza e à complexidade das estéticas e das políticas do povo preto.

25/10/2019

55. Pérola negra
Crítica da peça *Reza*

Pérola, como milhões de mulheres negras das periferias das metrópoles brasileiras, precisa enfrentar diariamente conduções lotadas para, ao longo de seis horas de uma viagem infernal, ir e voltar de seu trabalho como doméstica ou faxineira terceirizada, onde é submetida a condições de trabalho não menos aviltantes. Longe de casa entre as cinco da manhã e as 11 da noite, mal encontra acordada sua filha Lavanda, que passa seus dias sozinha, saindo apenas para ir à escola. Assombrada pelo fantasma do irmão que é obcecado pela menina, Pérola teme pelo que ele poderá fazer com Lavanda e reza para que nada de mal lhe aconteça.

Essa é a história contada em "Reza de mãe", pungente conto do escritor e dramaturgo paulistano Allan da Rosa, uma das vozes mais potentes da literatura surgida nas periferias. O fato de falar de uma realidade que conhece de perto mantém o seu trabalho a uma saudável distância do melodrama e das simplificações psicológicas. Optando por uma narrativa fragmentada e sem uma cronologia linear, o autor faz da objetividade de seu relato uma forma de denúncia e da inventividade estilística de sua literatura uma forma de "pedagoginga".

Contada sob uma perspectiva que deixa em segundo plano a espetacularidade de tiros e bombas, privilegiando um retrato mais íntimo da violência extrema impingida diariamente pelo capitalismo aos corpos (em geral negros) que precisa subalternizar para garantir o seu "funcionamento normal", uma história como a de Pérola raramente ocupa os palcos da cidade. E ainda mais raramente os da Zona Sul. Quando o faz, em geral é pela mediação de artistas que só conhecem essa realidade indiretamente e que, ao tentarem representá-la, tendem a um sentimentalismo que nada serve à sua transformação. O privilegiado que sente pena da condição degradante do outro em geral acha que já fez o suficiente apenas por ter sentido pena.

Reza, espetáculo de teatro negro musical atualmente em cartaz na Arena do Sesc Copacabana, é, nesse sentido, um acontecimento. Além de ocuparem um espaço do qual normalmente são alijados para contar uma história menos ouvida do que deveria ser, os sete atores (Wal Azzolini, Andre Muato, Edmundo Vitor, Lorena Lima, Luiza Loroza, Leonardo Paixão e Samara Costa) e os três músicos (Vinicius Santos, Júlio Florindo e Thiago Kobe) que integram a Orquestra de Pretos Novos, dirigida por Carmen Luz (também responsável pela livre adaptação do conto de Allan da Rosa), buscam inovar também do ponto de vista formal: constroem um musical que, deixando de lado a compulsão mercadológica por biografar "grandes personalidades" e cantando vidas não raro invisíveis, visa a realizar performaticamente uma reza que a um só tempo invoca e combate os demônios da injustiça social.

Embora a dramaturgia enxerte na história um psicologismo ausente do conto de Rosa e tenda a uma fragmentação excessiva que às vezes desorienta o espectador; e ainda que a embocadura do elenco lembre mais a dos musicais convencionais do que a de figuras como Clementina de Jesus e Carlos Cachaça, o excelente trio que toca ao vivo, em que se destaca um vibrafone, sustenta o vibrante engajamento dos atores.

21/02/2019

56. Teatro negro conjugado no plural
Crítica da peça *Oboró: Masculinidades negras*

Oborós são os orixás masculinos do candomblé. Na peça escrita por Adalberto Neto e dirigida por Rodrigo França, são trazidos à cena dez oborós (Exu, Ogum, Oxossi, Ibejis, Ossain, Omulu, Oxumaré, Iroko, Xangô e Oxalá), cujos nomes são projetados em um telão no fundo do palco. Cada oboró preside uma das dez histórias que são apresentadas. Os atores, além de três músicos tocando atabaques, chocalho e berimbau, permanecem sentados em roda ao longo de todo o espetáculo, levantando-se apenas para fazerem o seu papel, em estrutura inspirada pelas rodas de capoeira e pelos ritos religiosos de matriz africana.

As histórias apresentadas são ficcionais, mas baseadas em experiências reais facilmente reconhecíveis pelo público majoritariamente negro presente às apresentações. Às vezes mais sutil, às vezes mais explícita, a relação entre cada história da vida de um homem negro contemporâneo e o orixá que lhe serve de inspiração aponta para uma sabedoria fundamental na vida dos negros diaspóricos: a convicção de que "o futuro pode estar às suas costas", na bela formulação do bailarino Rui Moreira, que apresentou uma performance com esse título no X Festival de Arte Negra, ocorrido em Belo Horizonte na semana passada.

Se o sequestro e a subsequente escravização dos africanos no Novo Mundo foram fenômenos de fragmentação linguística e cultural de inúmeros povos originários da África, o fato de a dramaturgia revelar o quanto experiências contemporâneas de homens negros brasileiros se deixam ler a partir do pertencimento a uma matriz ancestral é um ato estético-político essencialmente reparador do vínculo perdido.

O mesmo se pode dizer do feito operado pela direção. Ao colocar os atores em roda (Cridemar Aquino, Danrley Ferreira, Drayson Menezzes, Ernesto Xavier, Gabriel Gama, João Mabial, Jonathan Fontella, Luciano Vidigal, Marcelo Dias, Orlando Caldeira, Paulo Guidelly, Reinaldo Júnior, Sidney Santiago Kuanza e Wanderley Gomes), não raro tendo ao fundo o som produzido ao vivo pelos três músicos em cena (Cesar Lira, Lucas Timbaleiro e Natanael Mariano) e valendo-se de movimentos rituais ligados ao orixá que rege cada história contada, o diretor Rodrigo França materializa no teatro um sentido de comunidade e solidariedade que não por acaso contamina a plateia. A direção de movimento de Valéria Monã é decisiva para o poderoso efeito desse resultado.

A restauração do vínculo com a ancestralidade personificada pelos orixás acarreta também o fortalecimento do vínculo entre aqueles que se reconhecem como irmãos. Irmãos que, embora próximos na sensação de pertencimento a uma origem comum e na exposição ao racismo cotidiano que estrutura a sociedade brasileira como o próprio chão em que pisamos, são muito diferentes entre si. Daí a importância do subtítulo do espetáculo. Falar em "masculinidades negras" sublinhando a sua pluralidade, mostrando histórias heterogêneas de homens pertencentes a diferentes contextos sociais e com subjetividades complexas e distintas entre si, é por si só um ato que contesta a visão preconceituosa e historicamente cristalizada do "negro" como um "tipo homogêneo" ou um "objeto", que é um dos grandes pilares do racismo ocidental.

Evocando a voz do inigualável Mateus Aleluia, *Oboró: Masculinidades negras* é um trabalho que "gira e deixa a gira girar", fazendo do reencantamento do mundo operado pelo candomblé (e também pelos diferentes teatros negros) um instrumento de combate contra a permanência de um genocídio que já dura 500 anos.

03/12/2019

57. Contribuição decisiva para a luta antirracista
Crítica da peça *Isto é um negro?*

"Há um quadro de Paul Klee intitulado *Angelus Novus*. Representa um anjo que parece querer se afastar de algo que encara fixamente. Tem os olhos escancarados, o queixo caído, as asas abertas. O anjo da história deve ter esse aspecto. Seu rosto está dirigido para o passado. Onde nós vemos uma sucessão de fatos, ele enxerga uma catástrofe sem fim, que incessantemente acumula ruínas sobre ruínas. O anjo gostaria de deter-se para acordar os mortos e reparar aquilo que foi destruído. Mas do paraíso sopra um vendaval que se enrodilha em suas asas com tamanha força que ele não consegue mais fechá-las. Esse vendaval arrasta-o inapelavelmente para o futuro, ao qual ele dá as costas, enquanto o monte de ruínas à sua frente cresce até o céu. Esse vendaval é o que se costuma chamar de progresso."

Há um temporal lá fora, muita chuva e muito vento. Quatro performers inteiramente encharcados adentram uma cena apocalíptica: um amontoado de cadeiras brancas que se assemelham a uma enorme ruína. De costas para o público, eles nos convidam a adotar postura semelhante à do anjo da história de Walter Benjamin. Seremos capazes de enxergar que o "progresso da civilização" de que sempre falaram os colonizadores europeus para justificar os seus crimes é na verdade uma longa "história de barbáries" cometidas contra os povos escravizados e assassinados em nome desse pretenso progresso?

Os quatro atores se despem, deixando visível a cor da pele em que habitam. Encaram o público. Sussurram inúmeras vezes uma mesma pergunta: "Nós? Nós? Nós?" O tom irônico de suas vozes deixa evidente o ponto de partida de *Isto é um negro?*, com direção de Tarina Quelho e dramaturgia da diretora em parceria com Mirella Façanha: a ilusão de uma "comunidade humana" e de uma interpretação universal — e única! — do sentido da história até hoje só serviu para justificar a dominação branca, colonial, capitalista.

O racismo, segundo a tese exposta por Achille Mbembe em sua *Crítica da razão negra*, seria o principal pilar para o triunfo do capitalismo. Só ao inventar o outro "não humano" ou "sub-humano" como fundamento ideológico para a escravização e o genocídio dos corpos não brancos é que o capitalismo pôde promover todos os seus "milagres" — dos telefones celulares ao aquecimento global.

Essa sinopse, entretanto, não faz justiça ao ponto de interrogação contido no título do trabalho e tampouco à multiplicidade de procedimentos cênicos mobilizados. Se, por um lado, *Isto é um negro?* parte da diferença entre corpos negros e brancos em uma sociedade arruinada pelo racismo estrutural, por outro, ele se vale continuamente da ironia para desestabilizar qualquer visão unilateral — e portanto racista — da própria negritude. "O negro", não se deve esquecer, é uma invenção do branco.

Valendo-se da dança, que mostra a impossível fusão dos quatro corpos em cena em um único "nós"; da narrativa de um mito fundador sobre a origem do capitalismo/racismo (Mirella Façanha); da história da descoberta de si como negro (Raoni Garcia) em conversa ironicamente estruturada como uma sessão dos Alcoólicos Anônimos; da pungente recitação da letra de "Negro drama", dos Racionais MC's (Lucas Wickhaus); e finalmente do desfiar de piadas racistas (Ivy Souza), que culmina em um silêncio quase insuportável que anuncia a necessidade de "quebrar tudo", pôr fogo no teatro e explodir o conforto dos espectadores, *Isto é um negro?* cria em cena um verdadeiro "pluriverso" e traz uma contribuição estético-política decisiva para se pensar questões identitárias e estratégias de luta contra o racismo.

07/02/2020

58. Episódios de um terror cotidiano
Crítica da peça *Desmontando bonecas quebradas*

A teórica e militante feminista negra bell hooks escreveu que "pessoas negras sempre vivem com a possibilidade de serem aterrorizadas pela branquitude", fazendo a associação da branquitude com o terror. "Essa violência apavorante, no entanto, é na maior parte das vezes exercida de maneiras sutis", complementa Grada Kilomba em seu livro *Memórias da plantação: Episódios de racismo cotidiano*. O modo como essas duas pensadoras negras compreendem a violência é a espinha dorsal de *Desmontando bonecas quebradas*, perturbador experimento de teatro-documentário.

Sozinha em cena sob a direção de Ysmaille Ferreira, a performer e dramaturga Luciana Mitkiewicz combina documentos históricos (vídeos e canções), personagens ficcionais (baseadas nas vítimas reais), reflexões metateatrais ("o que pode o teatro contra tamanha violência?") e depoimentos autobiográficos para discutir a interminável série de brutais feminicídios ocorridos em Ciudad Juárez, no México. De 1993 até hoje, dezenas de mulheres jovens e pobres, em geral de ascendência indígena e trabalhadoras das *maquiladoras* (fábricas comandadas pelo capital estrangeiro branco que pagam salários miseráveis) vêm sendo sequestradas, torturadas, estupradas e assassinadas. Em seguida, seus cadáveres são mutilados e quase sempre "desaparecidos".

Nos quase 30 anos desse filme de terror, os verdadeiros autores dos crimes permanecem impunes, o Estado guarda um "silêncio sorridente" e as vítimas é que acabam sendo culpabilizadas por serem imprudentes (ou impudentes) demais. Ao citar crimes análogos ocorridos no Brasil e uma série de canções misóginas, a dramaturga nos lembra que "o México é aqui".

Nas duas cenas que concentram o sumo da denúncia feita pelo trabalho, o espectador é confrontado com uma escolha impossível. Na primeira, tendo a projeção de suas fotos ao fundo, Lilia Alejandra, 13 anos, uma das meninas assassinadas, diz: "Era dia 14 de fevereiro de 2001, Dia dos Namorados, quando me sequestraram. Eu estava muito feliz naquele dia porque eu tinha feito quase 200 pesos depois de trabalhar por 16 horas. Fui encontrada morta 7 dias depois." Na segunda, a dramaturgia imagina o que teria acontecido caso ela não tivesse sido assassinada. "Meu nome é Lilia Alejandra. Eu tenho 17 anos. Minha vida é a *maquila*, porque eu tive dois filhos. Eu ganho em média 80 pesos por dia, que equivalem a R$ 16. Quando eu volto para casa, dou banho nas crianças, faço o jantar, elas comem e vão dormir. No fim do dia, minhas mãos doem."

Ao contrapor essas duas imagens aterrorizantes, a desmontagem da ilusão ideológica operada por *Desmontando bonecas quebradas* revela que, sob a máscara desse terror aparentemente excepcional contra a mulher, habita um terror cotidiano e invisível apenas na medida em que é considerado normal ou inevitável: o terror do sistema capitalista de produção.

Ressoa a pergunta: Por que, hoje, imaginar o fim do mundo é mais fácil do que imaginar o fim do capitalismo?

24/08/2019

59. Diário de uma busca
Crítica da peça *Aracy*

A relação com a ancestralidade muda muitíssimo de cultura para cultura. Em alguns povos indígenas, é muito comum que uma criança seja capaz de reconstruir a série de seus ancestrais recuando no tempo oito ou dez gerações. Dentre os brancos, quem é capaz de dissertar sobre as peculiaridades de suas tataravós? Quem é capaz sequer de dizer seus nomes?

Esse esquecimento da própria ancestralidade é uma verdadeira condenação à morte dos que vieram antes de nós. Afinal, já o sabia Homero, morrer é menos desaparecer fisicamente do que desaparecer da memória dos mortais. Mas esse esquecimento tem uma consequência ainda mais inquietante: torna difícil a empatia pelos netos dos nossos netos. Na ausência dessa empatia, a tarefa de preservar o planeta para as futuras gerações perde muito de sua força. É sempre mais difícil nos solidarizarmos com a humanidade em geral do que com indivíduos com um nome e uma história com os quais podemos nos identificar.

Nesse contexto, a imaginação poética se torna arma imprescindível para combater o fim do mundo. Quem não é capaz de sonhar o que foi, ainda que se valendo de "dados objetivos" escassos, aleija a própria capacidade de imaginar outros mundos possíveis. A poesia mostra que não, que não estamos condenados ao presente, que a vida pode ser mais. E melhor.

Aracy, solo com texto, direção e atuação de Flavia Milioni e codireção de Natasha Corbelino, é um eloquente exemplar de poema teatral que diz não. Trata-se de um experimento de teatro documentário que, fiel à melhor tradição da psicanálise freudiana, não se contenta em lamentar o passado, as inúmeras mulheres que foram "suicidadas" por misoginia ou preconceito de classe. Ao constatar que esse passado continua mais presente do que nunca, o trabalho propõe sua transfiguração cênica, ciente de que a elaboração do passado é condição indispensável para a transformação do presente. E do futuro.

A peça se constrói como o diário de uma busca. Ao descobrir que sua avó se suicidou em 1954, aos 26 anos, a atriz se entrega à tarefa de entender o porquê. Quer conversar com essa avó que jamais conheceu, a não ser por meio de umas poucas fotos e informações dispersas.

Valendo-se de diversos depoimentos pessoais sobre a vertigem diante desse vazio e da projeção de imagens feitas em Barretos, cidade natal (e mortal) de sua avó, que foi visitar perseguindo seus rastros, a atriz finalmente a reencontra corporificada na letra insegura de moça pobre com que registrou, sozinha, a filha. Conversa com ela. Sente na própria pele a opressão que viveu, comum a tantas mulheres de ontem e de hoje.

Ao descobrir que o nome da avó não era Aracy, mas Araci, explica por que não mudou o título do espetáculo. Essa letra transfigurada, que faz toda a diferença, é a chave por ela encontrada para sua releitura poética da história de sua ancestral. Uma releitura que, como nos melhores atos psicomágicos de Alejandro Jodorowsky, culmina num catártico "foda-se" para a caretice e o machismo dos homens que a levaram ao suicídio e na descoberta de uma imprevista sororidade.

06/09/2019

60. A dificuldade de não se submeter ao olhar do outro
Crítica da peça *Auto eus: A ditadura da aprovação social*

A atriz e dramaturga Adriana Perin entra em cena e, dirigindo-se diretamente à plateia, diz que apresentar um monólogo é "como dizer eu te amo primeiro". O que acontece depois é sempre imprevisível. Se o outro responde automaticamente demais "eu também", como meu xará Patrick Swayze em *Ghost*, dá para desconfiar. Se demora a responder, ou se diz que precisa pensar antes de responder, a angústia da espera pode ser terrível. Mas não há resposta pior do que o silêncio. Ou a indiferença.

Auto eus: A ditadura da aprovação social, escrita por Adriana Perin em parceria com Paula Vilela e Raíssa Venâncio e dirigida por esta última, mistura autoficção — a protagonista da peça tem o mesmo nome que a atriz "na vida real" — e metateatro — uma reflexão explícita sobre as engrenagens do fazer teatral.

Todo espetáculo baseado na autoficção vale menos pelo que tem de "auto eu" do que de ficção. Importa menos saber se os dados mobilizados para construir a personagem são autenticamente biográficos do que investigar *como* esses dados (biográficos ou inventados, não importa!) são tramados e entretecidos — etimologicamente, ficção tem mais a ver com "costura" do que com "mentira". Repita-se ainda uma vez: no campo da arte, o "como" é muito mais fundamental do que "o quê" se diz. A forma é o conteúdo!

Como o próprio título do espetáculo indica, a ideia é propor uma investigação da formação da identidade da protagonista e, por extensão, "da mulher". (A peça, neste ponto, não problematiza o suficiente as diferenças de classe e raça na formulação de suas pautas feministas.) Mais do que uma peça que mostra que a vida é uma interminável "autoficção" ou que a gênese do eu é sempre costurada na interação com o outro, o plural chama a atenção para o fato de que não há um eu, mas eus. "Eus": um exército de forças múltiplas e contraditórias que os violentos e limitadores rótulos sociais tentariam a todo custo reprimir.

Uma vez reconhecida "a ditadura da aprovação social", a tarefa seria pensar caminhos para "libertar as mulheres".

No plano do discurso da atriz, a estratégia é buscar do público uma adesão por identificação. Mas frases como "A gente tem que se perguntar mesmo se está feliz" ou "Um dos caminhos para criticar nossos eus é se perguntar: eu me lembro de mim?" evocam aqueles manuais de autoajuda que, por negligenciarem a existência do inconsciente, raramente têm como ajudar alguém.

Já no plano da forma, o uso nem sempre justificado de um excesso de recursos técnicos (projeções em vídeo; músicas para gerar climas; efeitos de luz) e uma disposição excessiva da atriz para experimentar ações e posturas variadas (ela canta, dança, faz palhaçada, se emociona, se desnuda, interage com o público) me fizeram desejar que ela pudesse investir mais na duração das situações. As mudanças de cena rápidas demais, como se ela quisesse agradar sem incomodar, me deixaram com a seguinte questão: a forma do espetáculo não estaria ainda submissa demais à ditadura da aprovação social?

19/04/2019

61. A polifonia silenciosa de Dostoiévski
Crítica da peça *Nastácia*

É sempre um prazer ver uma grande obra da literatura universal, como *O idiota*, de Dostoiévski, ser operada em cena de forma crítica e inventiva.

Recentemente, a diretora paulistana Cibele Forjaz encenou *Dostoiévski trip*, de Vladímir Sorókin, na qual sete viciados tomavam uma nova droga chamada Dostoiévski e, de súbito, eram convertidos nas sete personagens principais de *O idiota*. Para além do instigante paralelo entre a experiência imersiva de se ler um romance longo e uma viagem lisérgica, na qual o leitor "viaja" e vira algum dos personagens do livro que tem em mãos, o sumo daquele trabalho era a "ressaca da droga", quando a identificação empática com um personagem dostoievskiano começava a baixar e cada um dos "viciados" estabelecia paralelos entre as personagens do romance e suas próprias vivências pessoais.

No caso de *Nastácia*, com dramaturgia de Pedro Brício, a operação é ainda mais radical. Mais do que uma interpretação contemporânea de um clássico do século XIX, o que o dramaturgo propõe é uma verdadeira amputação do original. Fiel ao exemplo de Carmelo Bene, que encenou *Romeu e Julieta* sem a personagem de Romeu, Brício construiu sua subversiva adaptação de *O idiota* sem o idiota, isto é, sem o príncipe Míchkin. A dramaturgia concentra-se na festa de aniversário de 25 anos de Nastácia Filíppovna, quando a antiga "protegida" de Tótski, abusada sexualmente por ele dos 12 aos 25 anos, proclama sua independência e recusa a proposta indecente de seu velho abusador: Tótski desejava que ela se casasse com

Gânia, um arrivista que tinha aceitado comprometer-se com aquela "mulher manchada" apenas por dinheiro.

A direção de Miwa Yanagizawa é o ponto alto do espetáculo. Além de coreografar com rara precisão o confronto entre as três personagens — das sete originais, restam Nastácia, Gânia e Tótski, vividos de forma nada maniqueísta por Flavia Pyramo, Odilon Esteves e Julio Adrião —, a diretora estabelece um jogo entre os atores e o público que converte os espectadores não apenas nos convivas da festa de Nastácia, mas, em alguns momentos, nos próprios personagens ausentes. É assim que, a certa altura, ouvindo o "sopro" de um dos atores, um espectador dá uma fala de Míchkin. É assim que todos os demais presentes a essa peça-festa, como se estivessem sob o efeito de uma droga chamada Dostoiévski, se permitem imaginar suas próprias respostas àquela situação, constituindo uma paradoxal "polifonia silenciosa".

Para o caráter polifônico do espetáculo concorre ainda a eloquente instalação cênica de Ronaldo Fraga, toda feita de molduras vazias, que reforçam o convite para que cada espectador preencha imaginativamente a cena com suas associações; e também os figurinos do mesmo Ronaldo Fraga, entre o retrato de época e o contemporâneo, materializando a temporalidade peculiar às grandes obras do passado.

Nastácia, a começar pelo título, é um libelo feminista. Se o "final infeliz" dessa mulher extraordinária acaba sendo fiel ao imaginado por Dostoiévski, ele não obstante nos incita a reagir e a imaginar finais menos sombrios para as mulheres de nosso tempo.

20/12/2019

62. As mulheres que fizeram a história do Brasil
Crítica da peça *Leopoldina: Independência e morte*

"Minha arte não pode esquecer aquele garoto de uma certa fotografia nem o homem que se queima pela fé que professa. Essas imagens transformam minha arte em algo supérfluo. A questão que se põe é se a arte tem a possibilidade de continuar a existir sem ser uma mera atividade do tempo de lazer", anotou o cineasta Ingmar Bergman em seu diário enquanto preparava o filme *Persona*.

A partir da fotografia do menino judeu sendo evacuado do gueto de Varsóvia com os braços levantados e um indizível horror no fundo dos olhos; e da filmagem do monge budista que ateou fogo ao próprio corpo diante da embaixada americana em Saigon, o cineasta sueco formulou para si mesmo um desafio indelével: criar obras que, indo além do mero entretenimento, pudessem de algum modo traduzir simbolicamente os horrores da história e lutar contra a sua repetição.

Leopoldina: Independência e morte, com texto e direção de Marcos Damigo, parte de uma imagem análoga: a imagem do Museu Nacional em chamas. O que restará de um país quando a sua memória for destruída? Quando os fatos mais importantes que explicam o seu presente forem apagados e, em seu lugar, vigorarem apenas versões delirantes e fake news?

Em gesto que se propõe a resgatar dos escombros do Museu Nacional — antiga residência imperial — a história de nossa independência, hoje à beira da morte, a peça se constrói como verdadeira aula de história do Brasil. Sua narradora é a imperatriz Leopoldina, princesa austríaca da Casa de Habsburgo, que se casou com Pedro I e veio morar no Brasil. Contra a imagem simplificadora de um herói da pátria proclamando a nossa independência às margens do rio Ipiranga, a peça opta por uma leitura feminista. Leopoldina, e não Pedro, teria sido a verdadeira articuladora de nossa independência.

Estruturado em três cenas, o trabalho mostra Leopoldina em 1819, quando ainda tem um olhar excessivamente estrangeiro sobre o Brasil — reforçado pelo contraponto cênico entre inúmeros vasos de plantas tropicais dispostos no cenário e uma intérprete de música erudita (Ana Eliza Colomar) tocando ao vivo temas europeus; Leopoldina em 1823, em diálogo com José Bonifácio, decisivo artífice de nossa independência; e em 1826, já no leito de morte.

Embora o tom excessivamente formal e "de época" dos figurinos e dos protagonistas (Sara Antunes como Leopoldina e Plínio Soares como Bonifácio) nas duas primeiras cenas se deixe explicar pela situação social das personagens, o momento alto do espetáculo é a terceira cena, quando uma Leopoldina em delírio quebra a quarta parede e conversa diretamente com os espectadores. "Vocês se lembrarão de mim?", ela pergunta. Vocês se lembrarão das mulheres que fizeram nossa história?

Com valiosas informações historiográficas projetadas em um telão entre as cenas e um programa muito bem cuidado contendo os fatos mais importantes da época, uma coisa é certa: por mais que aparentemente vivamos no tempo do triunfo da misoginia, o teatro ainda pode ser mais do que mero entretenimento.

29/01/2020

63. Quando o luto vira luta
Crítica da peça *Para não morrer*

"Não há, em Homero, descrição da imortalidade, da vida depois da morte, porque os seres humanos são, irremediavelmente, os mortais. A única coisa a fazer, então, não é esperar uma vida depois da morte, mas sim tentar manter viva, para os vivos e através da palavra viva do poeta, a lembrança dos mortos, nossos antepassados outrora vivos e sofredores como nós. Essa é a função secreta, mas central, de Ulisses, do poeta, daquele que sabe lembrar, para os vivos, os mortos."

Após essa bela definição do poeta como aquele que sabe lembrar — na mitologia grega, Mnemosyne, a Memória, era a mãe das nove Musas — e, por extensão, da poesia como arte de rememorar ou "co-memorar" os mortos (no sentido de "lembrar junto"), a professora Jeanne Marie Gagnebin vai além. Em capítulo posterior de *Lembrar escrever esquecer*, um dos mais belos livros de filosofia já escritos no Brasil, ela ensina que, em grego, a palavra *sèma* quer dizer ao mesmo tempo "túmulo" e "signo", "indício evidente de que todo trabalho de criação de significação é também um trabalho de luto".

Essa conexão entre a necessidade humana da poesia e a tarefa ética de lembrar nossos mortos, articulando narrativamente o sentido de suas vidas e assim lhes garantindo algum tipo de sobrevivência por meio dessas inscrições literalmente lapidares que são os poemas, é levada às últimas consequências no espetáculo *Para não morrer*, solo de Nena Inoue com dramaturgia de Francisco Mallmann, baseada no livro *Mulheres*, de Eduardo Galeano.

Substituindo Ulisses por Sherazade como modelo de narradora, a figura colossal encarnada por Nena, de cabelos tão longos que lembram as raízes de uma árvore, canta "Gracias a la vida" e lembra que, "do medo de morrer, nasceu a mestria de narrar". Durante todo o espetáculo, da forma não linear e descontínua que caracteriza a própria memória, essa narradora ancestral recorda dezenas de vidas de mulheres latino-americanas que lutaram até o fim contra a opressão patriarcal e cujos exemplos são assim resgatados das garras do esquecimento.

A ênfase na necessidade de seguir contando e cantando para escapar ao feminicídio transforma inteiramente o lugar social da arte e das artistas: em vez de "inspiradas" e "geniais" (categorias hoje imprestáveis para se pensar a gênese de uma performance artística), essas "trabalhadoras da cultura" seriam as responsáveis por escrever uma nova historiografia, atenta às existências quase sempre negligenciadas e não raro ativamente deslembradas pela "história oficial".

Ao flexionar no feminino o trabalho de luto, Nena Inoue transforma o luto em luta. Luta para não morrer. Luta para viver mais e melhor. Luta para fazer ecoarem as vozes das mulheres que pagaram com a própria vida pela crença de que um outro mundo é possível. Como no samba da Mangueira que levou a escola ao título deste ano, Nena Inoue canta "quem foi de aço nos anos de chumbo" e lembra que "chegou a vez de ouvir as Marias, Mahins, Marielles, malês".

Espetáculo para não perder.

08/03/2019

Utopia

64. Macbeth e o fa(r)do da ambiguidade
Crítica da peça *Maracanã*

Maracanã é um instigante exemplar do que se poderia chamar de "teatro-ensaio".

O termo "ensaio" provém do latim tardio *exagium*, "balança". Ensaiar deriva de *exagiare*, pesar. Nas vizinhanças desse termo, encontramos "exame", "a lingueta ou fiel da balança", mas também "enxame". A partir da etimologia da palavra, dizer "ensaio" é o mesmo que dizer "pesagem exigente", "exame atento", mas também o "enxame verbal" cujo impulso liberamos.

Fiel a essa definição de ensaio, o diretor e dramaturgo Moacir Chaves tomou uma decisão feliz: em vez de reencenar didaticamente o enredo de *Macbeth*, ele constrói um ensaio a partir do clássico shakespeariano. Seu *Maracanã* parte do "exame atento" de uma única cena da peça para criar um "enxame" de associações entre o passado e o presente que iluminam não apenas a tragédia shakespeariana, mas também, de modo sutil, o destino trágico do Brasil contemporâneo.

O cenário de Fernando Mello da Costa, querido mestre falecido na semana passada, pode ser lido de ao menos dois modos: como as traves de um gol ou como uma gaiola. Tendo em vista que há uma espécie de bancada separando o proscênio da primeira fileira de espectadores, Ricardo Kosovski, sozinho em cena, pode ser visto como o goleiro responsável por nos defender dos ataques adversários — ataques do obscurantismo e do moralismo! —, mas também como um animal de laboratório sendo examinado por um grupo de cientistas.

A ambiguidade do cenário aponta para a ambiguidade da situação do protagonista. Mais do que uma personagem dramática claramente identificável, Ricardo Kosovski é uma voz que passeia pelas referências artísticas e culturais mais heterogêneas — Drummond, Machado de Assis, Tchékhov e Padre Antônio Vieira —, além de relatar suas experiências em duas finais do Campeonato Brasileiro no Maracanã.

Essa voz é obcecada pela primeira cena de *Macbeth*, à qual retorna obsessivamente: "No começo, o que temos? As bruxas. Primeira cena. Elas dialogam. Dizem que vão encontrar Macbeth. Dizem quando e onde irão encontrá-lo. Diálogo curto, três bruxas, nove falas, três para cada uma. No final, a última fala, dita em coro: 'O Bem, o Mal. É tudo igual.'"

A musicalidade na construção da dramaturgia, cheia de repetições, ecos e ressonâncias, compõe uma rede com pedaços de texto que, embora a princípio disparatados, vão se iluminando mutuamente, como estrelas que finalmente formassem o desenho de uma constelação. A descontinuidade do texto, em raro casamento entre forma e conteúdo, aparece no fim como a imagem material do sentido da tragédia segundo Moacir Chaves.

Contra os moralistas de plantão, que pregam a existência de um Bem e de um Mal facilmente discerníveis, e uma impossível coerência entre as nossas ações (boas ou más) e suas consequências (recompensas ou castigos), *Maracanã* denuncia o uso do nome de Deus como ilusão ideológica e propõe que, como seu desconfortável protagonista, aprendamos a viver ensaisticamente em um mundo fadado ao enxame de sentidos.

12/07/2019

65. Ser e não ser, eis a questão
Crítica da peça *A invenção do Nordeste*

"Um ator nordestino, de preferência norte-rio-grandense, pode representar um personagem nordestino?"

A pergunta que abre *A invenção do Nordeste*, do Grupo Carmin, de Natal, espetáculo que desde já pode ser considerado um clássico do teatro-documentário brasileiro, confronta o espectador com uma questão aparentemente simples, mas que os três atores em cena (Henrique Fontes, Mateus Cardoso e Robson Medeiros) vão desdobrando de modo veloz e irônico, inteligente e bem-humorado.

O modo como constroem os seus "personagens", que carregam os seus nomes de batismo e as suas profissões na "vida real", que se preparam em cena para um teste para uma série da Globo que eles mesmos poderiam realmente querer fazer, provoca uma indistinção entre realidade e ficção que faz jus a uma das grandes vocações do teatro-documentário: articulando depoimentos e documentos históricos, artísticos, sociais e biográficos em torno de um núcleo mais ou menos ficcional, trata-se de instituir um espaço público de discussão das questões mais urgentes de um tempo e de um país. O pressuposto dessa discussão é a um só tempo platônico ("conhecer é lembrar"), freudiano ("é preciso elaborar o passado") e adorniano ("a elaboração estética do passado produz um conhecimento que nos ajuda a farejar e a combater o perigo de uma regressão à barbárie").

Mas o que, no fim das contas, constituiria a essência do nordestino?

Diante das diferenças e das contradições que tornam impossível fixar uma única imagem como sendo a imagem do "verdadeiro nordestino", os atores se lançam em uma vertiginosa pesquisa sobre a história da construção — da invenção! — de um conceito: "o" Nordeste.

Nessa pesquisa, inspirada pelo livro *A invenção do Nordeste e outras artes*, de Durval Muniz de Albuquerque Júnior, eles vão entendendo a origem de todos os clichês sobre o que é ser nordestino e, nesse processo, vão desconstruindo esses clichês e percebendo a si próprios como seres dotados de uma identidade tão múltipla e contraditória quanto a do próprio Nordeste.

Esse processo de desconstrução-construção do Nordeste e de si próprios se dá no plano da fábula, mas também no plano da forma do espetáculo. A inspiradora direção de Quitéria Kelly vale-se de uma infinidade de recursos audiovisuais e analógicos, modernos e arcaicos — projeções de filmes e documentos, manipulação de maquetes e miniaturas — e propõe um jogo cênico autocrítico que maneja diferentes registros de atuação — tragédia, comédia, teatro épico, pós-dramático, dança contemporânea, conferência — para transmitir também sensorialmente o argumento central do Grupo Carmin neste trabalho: difícil não é "ser ou não ser", difícil não é contrapor a um "nós" abstrato um "eles" fictício, criando essa dicotomia insustentável: "ou nós ou eles".

Difícil, e isso diz respeito à própria alma do trabalho do ator e à verdadeira política (da arte), é "ser e não ser". Só a capacidade de suportar as contradições, sem querer reduzi-las a soluções simplórias que implicam sempre a sanha por eliminar as diferenças e não raro os diferentes, é que faz deste mundo um lugar efetivamente humano. Como diz o cordel contemporâneo de Glauber Rocha: "Esta terra é do homem, não é de Deus nem do Diabo."

12/10/2018

66. Muito além do espírito de vingança
Crítica da peça *A hora e vez*

João Guimarães Rosa, autor de "A hora e vez de Augusto Matraga", conto que encerra *Sagarana* (1946), é o Homero brasileiro, indiscutivelmente nosso maior poeta épico. Por mais que muitos de seus personagens vivam assombrados pelo medo do inferno e pela presença quase familiar do diabo — nisso o protagonista de *A hora e vez* se aproxima do Riobaldo de *Grande sertão: Veredas* —, a ética que serve de fundamento a suas obras não é essencialmente uma ética cristã, mas antes uma ética guerreira ou, no caso brasileiro, cangaceira.

No âmbito dessa ética, o objetivo supremo da vida humana não é ser bom, inocente e puro para alcançar a imortalidade pessoal em um "outro mundo" pretensamente melhor do que este. A imortalidade buscada por guerreiros bem pouco cristãos como Aquiles e Augusto Matraga é a imortalidade poética. Para ambos, imortal é apenas aquele que consegue conquistar um nome próprio e inconfundível, que não chega atrasado ao encontro consigo mesmo e por isso merece ser cantado eternamente.

O mais original em "A hora e vez de Augusto Matraga" é a sua recusa da lógica da vingança, hoje adotada por ambos os extremos de nosso espectro político. Augusto é espancado quase até a morte pelo impiedoso major Consilva, mas se recusa a buscar aquele tipo de vingança que gerou reações catárticas a filmes como *Corra!*, de Jordan Peele, e *Bacurau*, de Kleber Mendonça Filho. Em vez de querer pagar na mesma moeda pela violência sofrida — permanecendo, assim, servil à lógica do opressor e vivendo em função dela —, seu objetivo é encontrar um outro registro existencial e transformar sua vida em poema a ser imortalizado pelos vates do futuro.

Se o objetivo do protagonista do conto era conquistar um tom e timbre novos, uma linguagem pessoal e intransferível para sua existência, pode-se afirmar que o ator Rui Ricardo Diaz, também responsável pela adaptação do texto para o palco, o realiza heroicamente. Sozinho em cena sob a direção de Antonio Januzelli, ele vive as muitas personagens da trama modulando com domínio técnico exemplar o timbre e a altura de sua voz. Se por um lado ele canta as personagens, indo muito além de uma apresentação didática do conto, por outro seu corpo as encanta, em movimentos coreografados com invejável precisão. Se, de início, o princípio estético (antinaturalista) do espetáculo causa alguma estranheza, logo nos damos conta de que essa estranheza é a mesma que sentimos diante das invenções linguísticas de Guimarães Rosa. Sem dúvida, trata-se de uma das traduções mais felizes e poéticas da linguagem do autor para a cena.

Se é mesmo verdade que "cada um tem a sua hora e a sua vez", como Augusto Matraga tantas vezes repete no conto de Rosa, o rapsodo redivivo que é Rui Ricardo Diaz encontrou a sua hora e vez neste espetáculo extraordinário, verdadeiro bálsamo em um país governado por figuras mesquinhas movidas apenas pelo ressentimento e o desejo de vingança.

06/03/2020

67. O manifesto antropófago de Regina Casé
Crítica da peça *Recital da onça*

"Ah, eu tenho todo nome. Nome meu minha mãe pôs: Bacuriquirepa. Breó. Beró, também. Pai meu me levou para o missionário. Batizou, batizou. Nome de Tonico, bonito, será? Artonho de Eiesus... Depois me chamavam de Macuncozo, nome era de um sítio que era de outro dono, é — um sítio que chamavam de Macuncozo... Agora, tenho nome nenhum, não careço. Nhô Nhuão Guede me chamava de Tonho Tigreiro. Nhô Nhuão Guede me trouxe pr'aqui, eu nhum, sozim. Não devia! Agora tenho nome mais não..."

O narrador de "Meu tio o Iauaretê", de Guimarães Rosa, habitante solitário de uma região repleta de onças, conta sua história a um visitante desconhecido. Filho de pai branco e mãe índia, esse sertanejo que por muitos anos ganhou a vida como caçador de onças narra como se tornou índio, como se tornou onça, como se tornou isso que não tem nome. Mas que vive prestes a devorar e encarnar "todo nome" — sempre a partir de seus encontros imprevisíveis e incontroláveis com o outro.

Dispositivo comum em muitos textos de Rosa, essa silenciosa "segunda pessoa" — o "tu" ao qual se endereça o relato, como a um espectador no teatro — tem suas reações descritas unicamente pelo "eu" que narra. Em "Meu tio o Iauaretê", a principal reação desse homem branco desconhecido é o medo. O medo o faz ser hostil, levar a mão ao revólver seguidas vezes ao longo da narrativa, ameaçando seu anfitrião.

Ocorre que "anfitrião", em inglês, língua com a qual Regina Casé joga o tempo todo em seu *Recital da onça*, se diz *host*. Não há relação de hospitalidade sem algum nível de hostilidade. Sobrevém a questão: como, mesmo reconhecendo a tensão e o risco inerente a qualquer relação, ainda assim apostar que o encontro com o outro, além de inevitável, é o que faz esta vida valer a pena? Como lidar com o medo, "nossa emoção soberana"?

Depois de muitos anos como anfitriã de programas televisivos que se propunham a abrir espaço para corpos outros numa "grade" violentamente brancocêntrica, não espanta que Regina Casé tenha escolhido justamente o texto de Guimarães Rosa como fio condutor para seu *Recital da onça*, do qual tira seu título e sua espinha dorsal.

O ponto de partida do espetáculo, com texto da própria Regina e de Hermano Vianna, direção de Estevão Ciavatta e Hamilton Vaz Pereira, é muito bem urdido: depois do sucesso como a empregada do filme *Que horas ela volta?*, a atriz teria sido convidada para dar uma conferência em Harvard sobre o Brasil, país que de forma alguma é percebido por europeus e estadunidenses como ocidental.

A peça, então, se configura como um "ensaio aberto" no qual a atriz, contando com a ajuda de seu público e recorrendo jocosamente às lições de Chris Anderson (criador dos TED Talks) sobre como preparar uma palestra que instrua sem entediar, escolhe trechos dos livros que ama e que melhor propiciariam o esboço de um retrato do Brasil. Devorando e sendo devorada por Alberto Mussa, Mário de Andrade, Vinicius de Moraes, Fausto Fawcett, Clarice Lispector e Guimarães Rosa,

Regina Casé vai se metamorfoseando ao longo do espetáculo: é a branca privilegiada com medo de tudo, a latina vista como negra pelos gringos, a índia tão parecida com sua avó de Caruaru e, finalmente, a onça que nos devora.

Nessa mistura da "alta cultura" com a "comédia em pé", Regina Casé, mestra suprema do stand up tupiniquim, consegue um feito raro: mostrar que, quando a contadora da estória não é mais "ocidental", a troca (o transe!), e não a identidade, é o valor fundamental a ser afirmado.

10/05/2019

68. Viva o povo macumbeiro
Crítica da peça *Macunaíma*

"O que me interessou por Macunaíma foi a preocupação em que vivo de descobrir a identidade nacional dos brasileiros. Depois de pelejar muito, verifiquei uma coisa que me parece certa: o brasileiro não tem caráter", escreveu Mário de Andrade no prefácio de *Macunaíma: O herói sem nenhum caráter*, romance publicado em 1928.

A ausência de caráter de Macunaíma, personificação alegórica do povo brasileiro, não tem qualquer viés moral, mas aponta para uma identidade feita de elementos contraditórios e heterogêneos, como uma roupa de Arlequim ou um ebó na encruzilhada. Em seu romance, Mário de Andrade transformou essa "ausência de caráter" em princípio formal, abrindo mão de qualquer continuidade narrativa e misturando numa escrita rapsódica fortemente marcada pela oralidade a contribuição indígena, a africana e a europeia.

A inequívoca originalidade da linguagem do romance é a expressão material de um projeto político-filosófico cuja realização é hoje ainda mais urgente do que há 90 anos: ao recusar a moral do racionalismo moderno e a pretensa pureza da matriz cristã em nome de uma visão de mundo mais sensorial e erótica, lúdica e animista, mutável e aberta a todos os atravessamentos e êxtases, o que em última instância Macunaíma propunha era um "reencantamento do mundo". Para esse herói da sensualidade, da contação de causos e da preguiça, o respeito às potências mágicas da natureza (e da arte!) seria o único antídoto contra um processo civilizatório que transforma todos os seres em máquinas. Nesse sentido, em vez de se curvar ao pragmatismo do colonizador europeu que rouba suas riquezas — personificadas pelo "muiraquitã" —, Macunaíma vai encantá-lo, convertê-lo em "gigante comedor de gentes" e valer-se de todas as macumbas de seu povo contra ele.

Macunaíma, como herói brasileiro, é o herói macumbeiro por excelência. Segundo o verbete de Luiz Antonio Simas e Luiz Rufino (que abre seu imprescindível livro *Fogo no mato: A ciência encantada das macumbas*), "MACUMBEIRO é definição de caráter brincante e político, que subverte sentidos preconceituosos atribuídos de todos os lados ao termo repudiado e admite as impurezas, contradições e rasuras como fundantes de uma maneira encantada de se encarar e ler o mundo no alargamento das gramáticas. O macumbeiro reconhece a plenitude da beleza, da sofisticação e da alteridade entre as gentes".

A montagem da Barca dos Corações Partidos, formada por Adrén Alves, Alfredo Del-Penho, Beto Lemos, Fábio Enriquez, Eduardo Rios, Renato Luciano e Ricca Barros, conta com a colaboração de seis artistas escolhidos por testes (Ângelo Flávio Zuhalê, Hugo Germano, Lana Rhodes, Lívia Feltre, Sofia Teixeira e a magnífica Zahy Guajajara) e do músico Pedro Aune.

A heterogeneidade da formação dos 14 artistas em cena é orquestrada pela diretora Bia Lessa no sentido de amplificar o elogio da diferença que é a essência mesma de *Macunaíma*. Seus corpos, nus ao longo de todo o primeiro ato (passado na floresta que abriga a tribo em que cresceu o herói) e alegoricamente vestidos no segundo (passado em São Paulo, "cidade macota lambida pelo igarapé Tietê"), movimentam-se ininterruptamente, constroem com os plásticos do cenário esculturas vivas, cantam e dançam, tocam diversos instrumentos e compõem uma verdadeira festa para os olhos e os ouvidos.

As imagens visuais e sonoras, respeitando a descontinuidade do romance original, mais interessadas na produção de sensações que de sentidos unívocos e interrompidas por cortes secos que transformam abruptamente a atmosfera das cenas de formas sempre imprevisíveis, têm um marcante traço operístico e produzem um efeito fortemente encantatório do início ao fim do espetáculo.

"Não vim ao mundo para ser pedra" (e tampouco máquina), diz Macunaíma diante do assassinato de sua tribo. Como se tivesse acabado de ler *Flecha no tempo*, livro mais recente de Simas e Rufino, o herói nos ensina que "o contrário da vida não é a morte, mas o desencanto".

02/10/2019

69. A gente quer ter voz ativa
Crítica da peça *Roda viva*

Muitas vezes os artistas responsáveis pela produção de uma peça de teatro negligenciam o programa dado aos espectadores na entrada da sala de espetáculos. Mas o programa da nova montagem de *Roda viva*, um livrinho com mais de cinquenta páginas, é uma pequena joia. Além de conter informações sobre a montagem original da peça, escrita por Chico Buarque, que estreou em 17 de janeiro de 1968, no Rio de Janeiro, seguiu para São Paulo no mesmo ano e viveu um hediondo ataque dos milicianos do CCC (Comando de Caça aos Comunistas), que destruíram o teatro e espancaram os artistas, esse programa é um espaço de poesia e de pensamento.

Nele, José Celso Martinez Corrêa, mítico fundador e diretor do Teatro Oficina, em cena na grande sala da Cidade das Artes junto com seu elenco de 23 atores e sete músicos, evoca a sua montagem original, que acaba de completar 50 anos, com as seguintes palavras: "Chegou *Roda viva*. O texto pedia quatro pessoas no coro. Mas, quando abrimos os testes para atores cariocas, veio uma multidão, que tomou o espaço, sem saber o que era palco ou o que era plateia, se o ator poderia tocar nas outras pessoas ou não. *Roda viva* foi feito por aquela multidão do coro. Era uma geração que trazia no corpo todas as revoluções. Para mim, o desbunde foi mais importante do que a luta armada, que não quebrou os padrões positivistas, não se descolonizou. A descolonização houve no momento em que a gente se re-ligou ao nosso passado arcaico e foi descobrir o índio e o negro na gente, o fã da Rádio Nacional, o cara que gosta de música pop, o cara que começou a misturar, comer tudo, comer de tudo."

Fiel ao espírito da montagem original, a nova montagem radicaliza na busca por um teatro descolonizado e antropofágico. Zé Celso abre o espetáculo dizendo que "*Roda viva* só existe se o público atuar nela". Pede então aos espectadores que também se tornem coreutas e cantem junto as músicas tocadas pela excelente banda em cena, muitas das quais passaram por modificações paródicas nas letras que as atualizam. Sentado na primeira fila da plateia, diante da grande passarela que borra a separação entre palco e plateia, entre uma grande imagem de são Jorge e outra de uma garrafa de Coca-Cola, entre o ídolo popular e o ícone do consumo, ele próprio dá o exemplo, provocando incessantemente seus atores e o público.

Usando como pretexto a história da ascensão e queda de Benedito da Silva, convertido no astro pop Ben Silver depois de vender sua alma ao capitalismo, a peça se estrutura como um teatro de revista, que apresenta e comenta em chave irônica todas as catástrofes ambientais e políticas do nosso tempo. Contendo uma série de imitações impagáveis de figuras políticas da atualidade, o espetáculo põe a nu as tendências totalitárias do capitalismo global e critica sem pudores a extrema direita brasileira.

Em tempos de censura à arte e aos artistas, *Roda viva* nos faz respirar um inebriante ar de resistência e liberdade. Um verdadeiro acontecimento teatral.

28/11/2019

70. A democracia é a maior diversão
Crítica de *O condomínio*

Como compartilhar o mesmo prédio, o mesmo bairro, a mesma cidade, o mesmo país com o outro, o diferente, o que não pensa e não age igual a você? Como construir uma convivência baseada na aposta de que o diálogo é possível, a despeito de todas as diferenças de classe, cor, gênero, ideologia, religião e opção sexual que distinguem e não raro dividem as pessoas?

"A democracia é a pior forma de governo, com exceção de todas as demais." Contra certas tendências totalitárias que têm angariado um número cada vez maior de eleitores no Brasil e no mundo, a célebre frase de Churchill, primeiro-ministro inglês que foi fundamental no combate ao fascismo, é o ponto de partida da peça *O condomínio*. Se por um lado o público é levado a rir das dificuldades e contradições inerentes à democracia participativa, por outro a comédia escrita por Pedro Brício e dirigida pelo autor em parceria com Alcemar Vieira pode ser lida como um ensaio sobre a empatia, a identificação afetiva, a possibilidade de nos colocarmos no lugar do outro. A tese do espetáculo é clara: sem empatia, sem algum nível de amor às diferenças, não há democracia.

No plano da relação entre palco e plateia, esse ensaio sobre a empatia faz com que, desde a entrada no teatro, os espectadores sejam colocados no lugar desses outros que são os vizinhos de Domenico Pepino, o cantor e compositor cuja saga será narrada. Durante uma reunião de condomínio de um prédio em

Copacabana, nós, os condôminos, somos confrontados com a seguinte questão: O que você faria se os latidos do cachorro da vizinha do terceiro andar não te deixassem trabalhar e tampouco dormir? Como conciliar o desejo individual com o desejo coletivo?

O enredo da peça, que assume as tintas rocambolescas de um filme *noir* lido em chave cômica, faz com que primeiro o cachorro e depois a sua dona sejam assassinados. Em tempos de perseguição à arte e aos artistas, é então natural que Domenico seja o suspeito número um. O desfecho de sua história seria trágico, não fosse a ajuda do policial Raymond (Chandler), cujo desejo de ser artista é mais forte do que o de apurar o crime.

A forma como a narrativa se constrói é o principal achado do espetáculo. Pedroca Monteiro, que lembra o Peter Sellers de *Um convidado bem trapalhão*, e Sávio Moll, cuja simpatia humaniza todos os personagens que lhe cabe viver, do empresário de Domenico a seus vizinhos de prédio, passando pelo cachorro assassinado, abusam das falas endereçadas diretamente ao público e nos obrigam o tempo todo a refletir sobre o mistério da identificação projetiva — da empatia! — como base do fenômeno teatral.

Ao obrigar também os espectadores a se colocarem no lugar de todos esses outros que povoam a cena, o jogo teatral proposto pelo texto de Pedro Brício adquire ressonâncias éticas e pedagógicas mais amplas: a arte do ator é apresentada como uma arte fundamental para a democracia, pois mostra que o encontro com o outro, ao contrário do que pregam os fascistas de plantão, não precisa ser traumático. Muito pelo contrário. O encontro com o outro pode ser a maior diversão.

Não por acaso, aliás, o cenário (de Tuca Benvenutti e Murilo Barbieri) e os figurinos (de Antonio Medeiros) do espetáculo são inteiramente vermelhos.

21/09/2018

71. O dia em que a Maré mudou
Crítica da peça *Hoje não saio daqui*

Muito antes de o conceito de "lugar de fala" ocupar o centro do debate contemporâneo, uma série de produções teatrais conhecidas como site-specific já se valia da principal "descoberta" ligada à formulação desse conceito: a de que o sentido e o alcance de um discurso têm menos a ver com a sua "verdade objetiva" do que com o lugar (de maior ou menor reconhecimento social) ocupado por aquele que o emite. Esse lugar é determinado pela posição relativa de cada falante na complexa teia das relações sociais e se deixa definir segundo três coordenadas básicas: classe, raça e gênero — não necessariamente nessa ordem.

Com a caducidade do mito da igualdade entre os seres humanos, baseado na mentira de "corpos neutros" ou "normais", tornou-se politicamente imperativo pôr em xeque a partilha desigual do saber e do poder entre os distintos lugares de fala. Este é o ponto de partida de *Hoje não saio daqui*, quinto trabalho da Cia Marginal, que reestreia amanhã no Parque Ecológico da Maré, uma pequena área verde que resiste em uma colina no coração de uma comunidade marcada pelo descaso das autoridades e os incontáveis assassinatos cometidos por uma política de Estado genocida.

A Cia Marginal, criada em 2005, é não apenas uma companhia teatral que realiza trabalhos site-specific, como o inesquecível *In_Trânsito* (2013), no qual os espectadores embarcavam num trem na Central do Brasil para reviver a

Odisseia de Homero ao longo das estações. Trazendo a sua especificidade de lugar no próprio nome, ela propõe uma ressignificação das relações entre o centro e a margem. Sediada na Maré, nasceu do encontro entre Isabel Penoni, diretora teatral e antropóloga oriunda da classe média, e Geandra Nobre, Jacqueline Andrade, Mariluci Nascimento, Phellipe Azevedo, Priscilla Monteiro, Rodrigo Maré e Wallace Lino, artistas residentes no Complexo da Maré.

Depois de quatro espetáculos desenvolvendo uma linguagem própria, baseada no cruzamento entre os estímulos produzidos por contextos específicos; a narração de experiências dos próprios atores; e o imperativo de deslocar os espectadores para fora do ambiente protegido das salas teatrais convencionais, a Cia radicalizou a sua pesquisa firmando o ponto no solo de onde brotou e incorporando outros corpos e outras vozes a seu elenco.

Além dos integrantes originais da Cia, o novo trabalho conta com a contribuição dramatúrgica de Jô Bilac e a poderosa presença de Elmer Peres, Maria Tussevo, Nzaji, Ruth Mariana, Vanu Rodrigues e Zola Star, angolanos de nascença ou descendentes de angolanos que habitam a Pequena Angola, face menos conhecida da Maré.

Realizando constantes movimentações do público pela área do Parque e propondo jogos que revelam toda a complexidade do Complexo e de seus habitantes, o espetáculo culmina com a contemplação coletiva do pôr do sol. Combatendo a imagem unidimensional da Maré como espaço de violência e pobreza, esse espetáculo eminentemente solar não apenas produz a reflexão por meio do riso e da implicação física dos espectadores. *Hoje não saio daqui* realiza um feito raríssimo: incorpora a presença da erezada que frequenta cotidianamente o Parque Ecológico da Maré à sua própria tessitura, fazendo dessas crianças parte fundamental do trabalho e símbolos vivos do poder transfigurador das epistemologias da favela para uma arte socialmente engajada.

21/01/2020

72. Esculpindo o tempo
Crítica da peça *Outros*

No romance *Leviatã*, Paul Auster criou uma personagem inesquecível, Maria, que vivia inventando pequenos rituais para si mesma. Durante uma semana, por exemplo, ela seguiria um estrito regime monocromático: na segunda-feira, dia do laranja, só comeria camarão, cenoura e tomaria suco de laranja; na terça-feira, dia do vermelho, restringiria sua dieta a um bife tártaro com tomates, acompanhados por vinho tinto; e assim por diante, uma nova cor a cada dia.

A personagem criada por Auster, como se revelou mais tarde, havia sido inspirada na artista francesa Sophie Calle e, embora algumas das performances relatadas no livro tivessem sido realizadas pela própria Sophie Calle, outras haviam brotado da imaginação do escritor. Quando soube do experimento literário do amigo, Calle realizou então uma série de ações inspiradas pelas ações de Maria, materializando as sugestões de Auster.

Esse modo de aproximar vida e arte a partir da criação de rituais mais ou menos excêntricos remonta às primeiras vanguardas históricas do século XX, como o dadaísmo e o surrealismo, e é pautado pela convicção de que, dadas algumas pequenas restrições, a vida pode se tornar mais artística e a arte, mais viva. Especialmente interessante no caso do encontro entre Auster e Calle é o fato de que um se inspirou nos procedimentos criados pelo outro, num jogo de espelhos que tende ao infinito e que sem dúvida deu um outro sabor à vida (e à arte) de ambos.

O espetáculo *Outros*, do Grupo Galpão, com direção de Marcio Abreu e elenco formado por Antonio Edson, Beto Franco, Eduardo Moreira, Fernanda Vianna, Inês Peixoto, Júlio Maciel, Lydia Del Picchia, Paulo André, Simone Ordones e Teuda Bara, brotou de uma série de performances realizadas pelos integrantes do grupo nas ruas de Belo Horizonte. Essa origem nitidamente performática responde pelo ar de liberdade que perpassa todas as cenas da peça, que recusa as amarras de uma trama com princípio, meio e fim. Em vez da submissão a um único discurso ou mensagem, sempre dependentes da imposição da visão de mundo de um "eu", canções compostas pelos próprios integrantes do Galpão e o fluxo incessante dos dez artistas em cena, que constroem uma polifonia de vozes, gestos e movimentos executados com absoluta precisão, aproximam o espetáculo de uma peça coreográfica ou, no limite, de uma peça musical abstrata.

Radicalizando a pesquisa iniciada em *Nós*, com o mesmo Galpão, em torno da coralidade, da repetição e da relação afetiva entre palco e plateia como fundamentos de um teatro liberto das amarras da narrativa e da noção convencional de personagem, Marcio Abreu, *à la* Auster e Calle, propõe uma restrição fundamental: a subtração da partícula "eu".

O que ocorre quando, durante um dia ou uma semana, o "eu" é colocado entre parênteses? Quando nos damos ao luxo de não termos que ser este "eu", esta identidade pretensamente coerente, esta máscara social com a qual desfilamos no cotidiano? O que acontece quando acolhemos todos os atravessamentos contraditórios, vozes e gestos que nos constituem?

Acontece uma peça como *Outros*, verdadeiro convite para que cada espectador execute análogo exercício de liberdade ao esculpir o tempo de sua própria vida.

23/12/2018

73. Poderoso antídoto contra a melancolia
Crítica da peça *Por que não vivemos?*

Dois filmes brasileiros recentes, *No intenso agora*, de João Moreira Salles, e *Democracia em vertigem*, de Petra Costa, tiveram uma recepção mais acalorada do que a usual. Apesar da coragem com que o filme de Petra se contrapõe às tendências totalitárias e ao cinismo do atual governo, os dois filmes têm em comum uma compreensão melancólica da história brasileira recente, materializada pela voz fria e monocórdica de ambos os diretores, que narram seus filmes em primeira pessoa. O tom derrotista de suas narrações é inequívoco, como se (no plano social) estivéssemos condenados ao eterno retorno da barbárie colonial e (no plano individual) ao suicídio. Não por acaso os dois diretores são herdeiros de duas das famílias mais ricas e poderosas do país. A melancolia, essa peculiar confusão entre derrotismo e "realismo", sempre foi uma prerrogativa dos privilegiados.

Por que não vivemos?, título da subversiva apropriação feita pela companhia brasileira de teatro de *Platonov*, peça escrita por Tchekhov quando ele tinha apenas 18 anos e só publicada postumamente, faz da ambiguidade a sua riqueza.

Se o verbo é lido no passado, como se o jogo já tivesse terminado e só nos restasse constatar amargamente que desperdiçamos nossas vidas e que agora é tarde demais ("Por que não vivemos como poderíamos ter vivido?"), ele se torna uma descrição bastante precisa das leituras usuais da obra de Tchekhov. Os personagens de *Platonov* encarnariam a cortante ironia e a melancólica consciência da impossibilidade de qualquer verdadeira transformação (social ou existencial).

Se, por outro lado, o verbo é lido no presente ("Por que não vivemos verdadeiramente como ainda temos a chance de viver?"), o título se transforma em uma exortação à ação. Tchekhov é convertido em poeta daqueles instantes apenas aparentemente perdidos que prenunciam a revolução — e não só a russa.

A montagem da companhia brasileira de teatro, dirigida por Marcio Abreu, se alimenta sobretudo desse Tchekhov subversivo, que eu jamais havia visto em cena. Opondo-se às convencionais apropriações textocêntricas do autor — a dramaturgia assinada pelo próprio Marcio, Giovana Soar e Nadja Naira opera cortes que melhoram sensivelmente o original; aprofundando as repetições e a musicalidade de suas duas últimas criações com o Galpão (*Nós* e *Outros*); utilizando de forma expressiva um extracampo cinematográfico (boa parte do "último baile da ilha Fiscal" que ocorre no primeiro ato se passa fora de cena); valendo-se de majestosas projeções (assinadas por Batman Zavareze) dos rostos dos atores em close no segundo ato; incluindo os espectadores dentro da festa em sofás dispostos no palco e na plateia (é notável a cenografia de Marcelo Alvarenga); e sobretudo coreografando (com a parceria da diretora de movimento Marcia Rubin) os oito atores em cena (Camila Pitanga, Cris Larin, Kauê Persona, Edson Rocha, Josi Lopes, Rodrigo Bolzan, Rodrigo Ferrarini e Rodrigo dos Santos) com o rigor de um espetáculo de dança contemporânea nos quais corpos negros e brancos, femininos e masculinos, têm o mesmo protagonismo — a "reparação dos vivos" da última fala da peça, uma utopia de representatividade, é concretamente realizada pela própria montagem —, o diretor Marcio Abreu se recusa a fazer de Tchekhov o poeta de um mundo caduco.

Com Drummond e contra qualquer "melancolia de esquerda", ele afirma: "Não serei o poeta de um mundo caduco./ Também não cantarei o mundo futuro./ Estou preso à vida e olho meus companheiros./ Estão taciturnos mas nutrem grandes esperanças./ Entre eles, considero a enorme realidade./ O presente é tão grande, não nos afastemos./ Não nos afastemos muito, vamos de mãos dadas."

02/08/2019

Pandemia

74. Quem tem medo do teatro virtual?
Ensaio sobre o teatro e suas mutações tecnológicas

"Há muito tempo eu escuto esse papo furado dizendo que o samba acabou/ Só se foi quando o dia clareou", escreveu Paulinho da Viola em uma canção inesquecível na qual ridicularizava os profetas do apocalipse do samba. Como o samba, nesses tempos de covid-19, está mais vivo do que nunca, mostrando nas plataformas virtuais seu caráter lúcido, lúdico e terapêutico (as magníficas lives diárias de Teresa Cristina não me deixam mentir!), os profetas do apocalipse que sempre pululam em tempos de crise encontraram um novo alvo: o teatro.

Como, se perguntam esses profetas, uma arte toda feita da presença viva de corpos em cena e na plateia, compartilhando um mesmo espaço-tempo, poderia sobreviver numa época de isolamento social?

Se tivesse aceitado passivamente sentenças de morte infundadas como essa, o teatro teria morrido já no berço. Imaginem o que teria acontecido se os poetas dramáticos tivessem reagido com um muxoxo resignado a seu banimento da *República* de Platão!

Mas, desde os primórdios até hoje em dia, contra todas as perseguições, o teatro resiste. E as resistências, tanto num nível político quanto estético, exigem sempre o acolhimento do novo: novas maneiras de ser e de viver, novos públicos, novas tecnologias. Se os profetas do apocalipse se apegam sempre à mais reacionária de todas as sabedorias ("Antigamente é que era bom!"), a gente do teatro finge que não ouve e sai por aí cantarolando Raulzito: "Eu prefiro ser essa metamorfose ambulante do que ter aquela velha opinião formada sobre tudo."

No atual contexto de pandemia, diversas peças feitas especialmente para plataformas virtuais têm mostrado que uma apropriação inventiva das novas tecnologias é muito mais do que mero paliativo para prolongar a vida de um paciente moribundo. O novo "teatro no zoom" não é um teatro zumbi que apenas propiciaria de forma mortificada a recordação dolorosa de uma experiência para sempre perdida. Essa prótese tecnológica, em vez de substituir imperfeitamente uma experiência teatral dita natural, nos lembra que na realidade nunca houve um "teatro natural".

"O" teatro (natural) não existe. Existem teatros. "A" linguagem teatral não existe. Existem distintas poéticas. E essas diferentes poéticas sempre foram largamente determinadas pelo modo como os encenadores do passado e do presente lidaram com as tecnologias à sua disposição. Desde o *deus ex machina* condenado por Aristóteles, passando pelas projeções em cinema de Piscator, as peças radiofônicas e o teleteatro amplamente difundidos no século XX, até as hibridizações mais contemporâneas do drama com o vídeo, a performance, a música, a dança e as artes visuais, é impossível mencionar qualquer teatro que não tenha sido em alguma medida tecnológico. Mesmo o teatro mais "natural" que se possa imaginar depende ao menos do domínio técnico do corpo e da voz por parte dos atores, para não falar das tecnologias mobilizadas por cenógrafos, dramaturgos, músicos, encenadores etc.

Por isso, em vez de choramingarmos lamentando a momentânea inacessibilidade do tipo de tecnologia (e do tipo de encontro) com que estávamos acostumados, é mais produtivo exercitarmos novas formas de ver e sentir que acompanhem a atual mutação tecnológica do teatro. Lembrando que, como ganho secundário dessa outra forma de difusão das peças, um público potencialmente muito mais amplo do que o habitual está tendo acesso a produções teatrais.

Claro que nem todas as peças feitas para plataformas virtuais produzirão o engajamento físico e espiritual dos espectadores, mas isso tampouco era garantido nas produções convencionais. Se, como sabe qualquer amante de cinema ou de literatura, a mediação da tela (ou mesmo do papel) nunca inviabilizou *a priori* a experiência visceral e por vezes corpórea produzida pela poesia (em seu sentido mais amplo), não há que se ter medo das peças feitas para plataformas virtuais. Como em qualquer experiência estética, há que se aprender a ler cada proposição em seus próprios termos tecnológicos, caso a caso, na comparação com nossos próprios saberes e afetos — o que, aliás, sempre foi e continua sendo um dos grandes baratos de ir ao teatro.

(Apesar de tudo que disse acima, confesso que mal posso esperar pela reabertura das salas.)

13/06/2020

75. Um beijo de linguagens
Crítica da peça *Onde estão as mãos esta noite?*

Em "Quem tem medo do teatro virtual?", defendi que não precisamos ter medo do "teatro no zoom" — que é teatro na medida em que os artistas se apresentam ao vivo e permanecem expostos a erros e imprevistos. O teatro virtual não veio para substituir o teatro presencial. Passada a pandemia, os teatros reabrirão. E, quando isso ocorrer, ambos os tipos de teatro irão conviver. Como, aliás, já conviviam antes da pandemia múltiplas formas de teatro: o dramático e o pós-dramático, experiências textocêntricas e performáticas, trabalhos com e sem projeções de vídeo etc.

Quando abrimos mão da tentação dogmática e potencialmente fascista de definir "o verdadeiro teatro", torna-se evidente que a questão é outra. Cumpre investigar de que modo as peças concebidas para plataformas virtuais conseguem dar conta de uma tripla exigência: 1) traduzir em pixels a potência corpórea do teatro presencial; 2) experimentar novas ferramentas que enriqueçam a linguagem teatral; e 3) problematizar por meio do teatro nossos modos habituais de lidar com as novas tecnologias.

Onde estão as mãos esta noite?, peça escrita por Juliana Leite, dirigida por Moacir Chaves e protagonizada por Karen Coelho, foi o primeiro beijo entre essas duas linguagens que efetivamente produziu fagulhas. Nem o teatro nem o zoom foram para mim os mesmos depois de testemunhar seu *match* nesse trabalho. Sua principal virtude é explicitar (por contraste!) o modo como as plataformas virtuais nos manipulam biopoliticamente sem que tenhamos consciência disso.

Apesar de acontecer na casa da atriz, o cenário (de Luiz Wachelke) é estudadamente impessoal. Apesar de acontecer no zoom, as câmeras e os microfones dos espectadores são mutados, de modo que a atriz pode se comportar como se estivesse em um palco italiano dotado da quarta parede. Apesar de o zoom nos constranger a adotar uma postura informal, espontânea e "caseira" mesmo em meio a uma séria reunião de trabalho, a atriz se vale de uma dicção não naturalista e de um gestual ciosamente calculado. Suas mãos, presentes já no título do espetáculo e de inegável centralidade, desenham gestos que lembram os de uma atriz trágica pela sua radical não espontaneidade. O todo, em suma, se dá intencionalmente a ler como ensaiado nos mínimos detalhes. Ensina aos lamentáveis políticos hoje no poder como é importante distinguir o espaço público do privado e respeitar a liturgia dos cargos.

Em sentido inverso, por mais que evoque um certo teatro clássico, o registro de atuação em zoom (ou close-up) de Karen Coelho amplia os limites da linguagem teatral, na qual os closes costumavam ser impossíveis até que os cinegrafistas invadiram a cena. Ainda que isso não seja novidade nem no teatro presencial, a ausência da interação viva entre os corpos em cena e na plateia radicaliza o uso desse procedimento em um sentido talvez ainda a ser incorporado pelos teatros presenciais pós-pandêmicos.

Se *Onde estão as mãos esta noite?* lograsse apenas isso, a mútua contaminação das linguagens do teatro e do zoom pelo seu tensionamento, já não seria pouca coisa. Mas esse jogo formal deixa ainda uma importante provocação ético-política aos teatros do futuro: se nossa existência é cada vez mais determinada pelo modo como lidamos com as máquinas, hoje verdadeiras extensões do corpo humano, o teatro mais relevante (seja virtual, seja presencial) será aquele capaz de problematizar e quiçá alterar os nossos automatismos sociais e culturais.

24/06/2020

76. A arte de transformar lobos em bolos
Crítica da peça *A arte de encarar o medo*

Existe uma expressão oriunda dos livros de autoajuda que, como um certo uso do gerúndio ("eu vou estar fazendo", "vou estar entrando em contato" etc.), contaminou o tecido social (e a linguagem que dele se alimenta) de forma aparentemente irremediável. Trata-se da expressão "sair da zona de conforto". Por mais que a ideologia americanoide do *comfort* seja dependente de um aumento do poder de consumo que coloca em xeque a vida sobre a Terra e tenda a elevar a consciência do proletariado ao nível de estupidez da burguesia (como apontou Flaubert há mais de 100 anos), sua crítica responsável não passa por um elogio da precariedade, do tipo "já que todos vamos morrer mesmo, não há nada a fazer".

Sair da zona de conforto é algo que só se faz em uma situação de perigo extremo, existencial ou social, e não algo que se possa escolher fazer por esporte ou narcisismo. Ao ser obrigado a migrar para as plataformas virtuais, o teatro foi forçado a sair de sua "zona de conforto". Mesmo que saibamos que o lugar do teatro nunca foi propriamente confortável e que o processo de precarização do trabalho dos artistas da cena já vem se intensificando há alguns anos, a realidade imposta pela covid-19 colocou em xeque a própria existência do teatro como "arte da presença". E, no entanto, não por heroísmo, mas por necessidade de respirar, muitos artistas da cena vêm tentando propor novas experiências de linguagem.

Neste contexto de radical incerteza, não espanta que o medo tenha se tornado nossa "emoção soberana". E tampouco espanta que diante do medo (a meu ver infundado) de que os teatros nunca voltem a ser abertos, muitos tendam a ver a nova realidade da produção teatral como um destino inescapável que seria necessário ou aceitar ou recusar em bloco. O fato de que os teatros reabrirão e voltarão a ser lugares essenciais para a aglomeração de nossas incertezas e inquietações não exclui a possibilidade de que certas invenções de linguagem, de registro e difusão de obras teatrais gestadas durante a quarentena possam de algum modo ser úteis aos teatros por vir. Sem, evidentemente, substituir a necessidade humana de presença e contato físico.

A arte de encarar o medo, dos Satyros, tradicional grupo paulistano incrustado no coração da praça Roosevelt, com dramaturgia de Ivam Cabral e Rodolfo García Vázquez, que também assina a direção, tem o mérito de encarar o medo de fazer esse teatro outro apostando em um dispositivo com 17 atuantes, localizados em diversas cidades do Brasil e do mundo. Os Satyros transformaram a covid-19 em uma chance de escapar ao formato de produções cada vez mais obrigadas a limitar suas pretensões estéticas por razões econômicas, como atesta a proliferação de monólogos nos últimos anos. Além da "suntuosidade" no número de atuantes, também é bastante rico o uso das possibilidades do Zoom, no que respeita a enquadramentos e justaposição de telas, e mesmo a travellings feitos pelos próprios atuantes valendo-se de singelos telefones celulares.

Se a polifonia do dispositivo e os riscos técnicos assumidos pela produção e por atuações não raro performáticas são verdadeiros exemplos de uma necessária arte de encarar o medo, o mesmo não se pode dizer da dramaturgia, que se constrói como uma crônica das múltiplas faces do terror em meio ao qual vivemos. Se o próprio ato de seguir fazendo teatro, apesar de todas as limitações, é um potente antídoto contra o medo, saí da experiência me perguntando até que ponto falar do medo é mesmo a melhor estratégia para "adiar o fim do mundo". Talvez simplesmente falar de outras coisas, dessas que mostram que a vida sempre resiste nas frestas do poder, seja estratégia mais eficaz para, à força de repetições ciosamente ensaiadas, converter o lobo em bolo — como no inesquecível *Chapeuzinho amarelo*, de Chico Buarque, obra mais atual do que nunca.

15/08/2020

77. Uma coleção de utopias
Crítica da performance *Museu dos meninos: Arqueologia do futuro*

O principal desafio das experiências teatrais e performáticas (no Zoom) é jogar com as expectativas da plateia para, abrindo uma picada em meio à mata dos clichês, desestabilizar as certezas de quem vê. Se o teatro não tem como promover uma transformação imediata da realidade social, é certo que ele tem o poder de produzir um estranhamento que obriga seus espectadores a encarar seus próprios preconceitos de raça, classe e gênero. Essa desnaturalização do próprio "lugar de visão" é o primeiro passo de qualquer revolução.

Museu dos meninos, com direção e dramaturgia de Mauricio Lima e Fabiano de Freitas, conduzido na performance live pelo primeiro, começa angustiando seus espectadores — sobretudo aqueles acostumados com o "teatro virtual", que já entram nas "salas" apreensivos para saber se suas máquinas irão funcionar e se os artistas não terão nenhum problema técnico.

Sobre uma tela preta, Mauricio pergunta: "Você consegue me ver? Consegue me ver? Tá me vendo? Tá? Hein? Aqui, ó. Consegue me ver?" Alguma coisa deve estar errada na projeção, afinal, era para estarmos vendo o performer. Um silêncio angustiado toma a sala. Mas logo sua voz, com um travo de ironia, vem para subverter as expectativas: "Talvez seja realmente melhor assim. Que você possa me ouvir antes de me ver. Eu gostaria que você pudesse me ver... Mas acho que é uma boa forma de começar, assim, ouvindo."

Com essa leve ginga de corpo, o performer literalmente derruba o espectador. Não é uma questão tecnológica que nos faz fechar os olhos para os corpos que habitam o Complexo do Alemão, é outra coisa. O que será?

Museu dos meninos é um trabalho rico em camadas. Mistura museologia radical (no sentido de Claire Bishop); autobiografia e autoficção; desenhos, retratos e depoimentos dos trinta meninos do Alemão envolvidos no projeto; uma fábula inesquecível narrada em vídeo ("o homem-bola"); música (de Edgar); teatro; performance; videografismos (de Evee Avila, que também assina a direção de arte). E, às quartas-feiras, "visitas guiadas" com pensadoras fundamentais do nosso tempo (Joacine Katar Moreira; Djamila Ribeiro; Erica Malunguinho) potencializam reflexivamente o alcance da experiência.

Escavando e expondo as múltiplas camadas de uma vida que pulsa com toda a sua complexidade, amplificando as vozes de meninos normalmente silenciados pela História e regando todas as infinitas sementes que germinam diariamente no Complexo do Alemão, essa "coleção de utopias" realiza uma verdadeira "arqueologia do futuro" e faz entrever uma nova alvorada.

Se, na Grécia, o teatro era "o lugar onde se vai para ver melhor", aqui o teatro passa a ser o lugar "onde se vai para SE ver melhor", seja porque os corpos dos meninos do Complexo do Alemão se encontram autenticamente representados, seja porque ao público branco é dado o privilégio de ver o Complexo ao rés do chão, sem precisar recorrer à visão distorcida de quem vê de cima ou de longe (do bondinho que por certo tempo atraiu turistas à comunidade).

O museu dos meninos convida: bora chegar junto!

26/08/2020

Índice onomástico

A
Abreu, Marcio, 197, 200-1
Adorno, Theodor, 177
Afrânio Peixoto, Júlio, 141
Aira, Cesar, 23
Albuquerque Júnior, Durval Muniz de, 178
Aleluia, Mateus, 156
Allen, Woody, 88, 129
Almodóvar, Pedro, 18
Andrade, Jacqueline, 194
Andrade, Jorge, 122-23
Andrade, Mário de, 183, 185
Antunes, Arnaldo, 52
Arendt, Hannah, 13
Aristóteles, 43, 102, 206
Armstrong, Louis, 88
Arneiro, Vinicius, 114, 136
Auster, Paul, 196, 197
Azevedo, Phellipe, 194

B
Badiou, Alain, 85
Bandeira, Manuel, 17, 61
Baudelaire, Charles, 84
Bausch, Pina, 87
Beckett, Samuel, 46, 64-65
bell hooks, 160
Bene, Carmelo, 166
Benjamin, Walter, 68, 157
Bergman, Ingmar, 40, 168
Bilac, Jô, 36, 194
Bishop, Claire, 215
Blanco, Sergio, 72-73, 74
Boal, Augusto, 89
Bogart, Anne, 70
Bone, Joe, 128
Borges, Gunnar, 97
Borges, Jorge Luis, 23
Bradbury, Ray, 66
Branco, Fabricio, 113
Brecht, Bertolt, 16, 67, 99, 115, 129-30, 135
Brício, Pedro, 166, 190, 191
Brodt, Stephane, 45, 46
Buarque de Hollanda, Chico, 149, 150, 151, 188, 213
Burgess, Anthony, 146
Burton, Tim, 118

C
Cabral, Ivam, 212
Cachaça, Carlos, 153
Caldeira, Orlando, 54, 155
Calderón, Guilhermo, 120
Calderoni, Vinicius, 34

Calle, Sophie, 196, 197
Camus, Albert, 34, 35
Candido, Antonio, 122
Caneppele, Ismael, 69
Carradine, David, 74
Carrera, Renato, 129, 130
Carvalho, Renata, 58
Casé, Regina, 183-84
Castellucci, Romeo, 45
Cavalcanti, Isabel, 64, 65
Celan, Paul, 15
Cesar Augusto, 30, 95
Cézanne, Paul, 88
Chaves, Moacir, 175, 176, 208
Churchill, Winston, 190
Ciavatta, Estevão, 183
Clark, Lygia, 60
Clua, Guillem, 101-2
Colombini, Gustavo, 137
Corbelino, Natasha, 162
Corrêa, José Celso Martinez, 188, 189
Cortázar, Julio Florencio, 19
Costa, Petra, 199

D

Da Vinci, Leonardo, 58, 60
Dahmer, André, 120
Damigo, Marcos, 168
Dias, Fernanda, 146
Diaz, Rui Ricardo, 181
DiCaprio, Leonardo, 71
Domingos de Oliveira, 124
Donahue, Joe, 89

Dostoiévski, 166, 167
Drummond de Andrade, Carlos, 176, 201
Duras, Marguerite, 83
Duvivier, Gregorio, 34

E

Eco, Umberto, 32
Eurípides, 55, 149, 150
Evaristo, Conceição, 148

F

Façanha, Mirella, 158
Facó, Álamo, 97
Fadel, Georgette, 84
Falcão, Thereza, 82
Farias, Renato, 53, 54
Fawcett, Fausto, 183
Ferreira, Ysmaille, 160
Finger, Elisabeth, 58
Flaubert, Gustave, 88, 211
Fontes, Henrique, 177
Forjaz, Cibele, 166
França, Rodrigo, 138-39, 154, 155
Freire, Marcelino, 139
Freitas, Fabiano de, 134, 214
Freud, Sigmund, 67, 106, 136, 137, 163, 177

G

Gabriel, Claudio, 64
Gagnebin, Jeanne Marie, 170

Galeano, Eduardo, 121, 170
Garcia, Guilherme Leme, 128
Gardumi, Cristina, 43
Godard, Jean-Luc, 42, 137
Goethe, Johann Wolfgang von, 146
Gomlevsky, Bruce, 117
Gonçalves, Ana Maria, 140
Grangheia, Danilo, 26
Greene, Graham, 82
Guimarães Rosa, João, 40, 66, 67, 72, 180, 181, 182, 183

H
Handke, Peter, 103
Hegel, Friedrich, 103
Hirsch, Felipe, 120
Hitchcock, Alfred, 81, 86, 87
Hoffman, Dustin, 71
Homero, 162, 170, 180, 194
Horkheimer, Max, 177
Hugo, Victor, 24

I
Infante, Manuela, 120
Inoue, Nena, 170, 171
Ionesco, Eugène, 111, 112

J
Januzelli, Antonio, 181
Jesus, Clementina de, 153
Jodorowsky, Alejandro, 163
Jordan, Neil, 82
Júlia, Fernanda, 141

K
Kane, Sarah, 29
Katchadjian, Pablo, 120
Kehl, Renato, 141
Kelly, Quitéria, 178
Kfouri, Ana, 51
Kilomba, Grada, 160
Kirkwood, Lucy, 40
Klee, Paul, 157
Kosovski, Pedro, 84, 131, 144, 145
Krzisnik, Borut, 119
Kubrick, Stanley, 38
Kurosawa, Akira, 32, 33
Kushner, Tony, 27, 28

L
Leite, Janaina, 105, 106, 107
Leite, Juliana, 208
Leminski, Paulo, 20
Lennon, John, 85
Lessa, Bia, 36, 37, 186
Levi, Primo, 101
Lima, Mauricio, 214
Lima Barreto, Afonso Henriques de, 140-41, 142-43
Linhares, Renato, 97
Lispector, Clarice, 183
Llerena, Manuela, 131, 132
Lobo Antunes, António, 23, 24
Lobo, Luiz Fernando, 99
Lukács, György, 13
Luz, Carmen, 153

M

Machado de Assis, 65, 66-67, 86, 140, 176
Macmillan, Duncan, 89
Maeterlinck, Maurice, 32, 33
Maikon K, 58
Malfatti, Anita, 60
Mallarmé, Stéphane, 136
Mallmann, Francisco, 170
Malunguinho, Erica, 215
Mandelstam, Ossip, 63
Marçal, Rodrigo, 112
Márdila, Camila, 68
Marfuz, Luiz, 140
Marques, Luiz Fernando, 91
Marx, Karl, 129
Masagão, Marcelo, 24
Masina, Giulietta, 40
Mattiuzzi, Musa Michelle, 13
Mbembe, Achille, 158
Meireles, Cecília, 68
Mello e Souza, Fabianna de, 32
Melo, Vilma, 146
Melville, Herman, 144
Mendonça Filho, Kleber, 180
Milioni, Flavia, 162
Miró, Josep Maria, 86
Mitkiewicz, Luciana, 160
Molière, 117-18
Mombaça, Jota, 13
Monteiro Lobato, 141
Moraes, Marcelo Jacques de, 51
Moraes, Paulo de, 28
Moraes, Vinicius de, 32, 183
Moreira, Eduardo, 197
Moreira Salles, João, 199
Moreira, Joacine Katar, 215
Moreira, Rui, 154
Müller, Heiner, 49, 50
Munk, Leonardo, 49
Mussa, Alberto, 183

N

Naira, Nadja, 200
Neto, Adalberto, 154
Netto, Leonardo, 134
Nietzsche, Friedrich, 142
Nobre, Geandra, 194
Novaes, Yara de, 74

O

Oliveira, Jé, 150
Osorio, Luiz Camillo, 13

P

Padre Antônio Vieira, 176
Paiva, Gabriel Fontes, 102
Pärt, Arvo, 46
Pasternak, Boris, 62
Paula, Zé Henrique de, 115
Paulinho da Viola, 205
Paulo André, 197
Peele, Jordan, 180
Penoni, Isabel, 194
Peralta, Victor Garcia, 73
Perin, Adriana, 164

Philbert, Fernando, 23, 89, 124, 138
Piacentini, Ney, 66-67
Pinter, Harold, 82
Piva, Guilherme, 82
Platão, 205
Polanski, Roman, 30
Pontes, Paulo, 149, 150
Portella, Rodrigo, 41, 86
Portinari, Candido, 76
Preciado, Paul B., 95
Prigent, Christian, 51
Proust, Marcel, 56

Q
Quelho, Tarina, 158

R
Racionais MC's, 150, 159
Ramos, Nuno, 120
Rangel, Pedro Paulo, 23, 24
Rau, Milo, 103, 104
Raul Seixas, 206
Reis, Luiz Felipe, 38
Ribeiro, Djamila, 215
Rilke, Rainer Maria, 17, 61
Rocha, Glauber, 112, 179
Rocha, Renato, 144
Rodrigues, Gustavo, 128
Rodrigues, Lia, 76, 77
Rodrigues, Nelson, 32, 85, 122
Rodrigues, Nina, 141
Rodrigues, Tiago, 62-63
Romanin, Lorena, 70
Rosa, Allan da, 152, 153
Rovaris, Liliane, 69
Ruffato, Luiz, 68
Rufino, Luiz, 186, 187

S
Sacher-Masoch, Leopold Ritter von, 90, 91
Sant'anna, André, 36
Santanna, Leandro, 143
Santeramo, Michele, 42
Santos, Milton, 138
Santos, Ricardo, 112
Sarrazac, Jean-Pierre, 26
Satie, Erik, 104
Satyros, 212
Schopenhauer, Arthur, 65
Schwartz, Wagner, 58, 60, 61
Scorsese, Martin, 127, 128
Sellers, Peter, 191
Shakespeare, William, 55, 63, 125
Simas, Luiz Antonio, 186, 187
Sinatra, Frank, 88
Soar, Giovana, 200
Solano Trindade, Francisco, 53-54
Sorókin, Vladímir, 166
Spadaccini, Julia, 36
Spregelburd, Rafael, 120

Steiner, George, 62
Strauss, Johann, 38
Suzano, Chico, 122
Swayze, Patrick, 164

T

Tarantino, Quentin, 74, 75
Tchekhov, 176, 199-200, 201
Teixeira, Ana, 45
Teresa Cristina, 205
Teza, Diego, 89
Truffaut, François, 66

U

Ubaldo Ribeiro, João, 124, 125

V

Valente, Assis, 29
Valle, Márcia do, 143
Vaz Pereira, Hamilton, 183
Vázquez, Rodolfo García, 212

Vellinho, Miguel, 49
Veloso, Caetano, 120
Venâncio, Raíssa, 164
Viana, Inez, 25, 26, 84
Vianna, Hermano, 183
Vidal, Felipe, 56, 57
Vieira, Alcemar, 190
Vilela, Paula, 164
Von Trier, Lars, 115

W

Wenders, Wim, 28, 68, 103

Y

Yanagizawa, Miwa, 68, 167
Yoko Ono, 80

Z

Zanelatto, Marcia, 95, 96
Zooey, J. P., 38

Agradecimentos

Este livro começou a ser gestado quando Luiz Felipe Reis me indicou para assumir o posto de "crítico de teatro d'*O Globo*" e a sua indicação foi aceita pela então editora do Segundo Caderno, Fátima Sá, com quem sempre tive um ótimo diálogo e que bancou muitas de minhas posições relativas à crítica — por exemplo, não dar cotações das peças por meio de estrelinhas ou bonequinhos — que outros editores teriam considerado "radicais" demais para o espaço de um jornal de grande circulação. Agradeço imensamente ao Luiz Felipe e à Fátima, e também às queridas Nani Rubin e Helena Aragão, que foram as primeiras editoras e críticas das críticas aqui publicadas.

Este livro se tornou realidade quando Isabel Diegues, editora da Cobogó e parceira em trabalhos anteriores, encampou o projeto. Agradeço a ela por isso e também por ter convidado Valeska de Aguirre para ser a responsável direta pela edição dos meus textos. Como uma primeira leitora mais entusiasmada do que eu poderia esperar, e como uma editora que sempre me deu orientações ótimas e precisas, agradeço muito à Valeska e sublinho que o trabalho dela foi realmente fundamental para a forma final assumida por este volume. Agradeço também a Melina Bial e Cláudio Lima, da Cobogó, e aos amigos ciclistas Fabio Arruda e Rodrigo Bleque (do Cubículo), responsáveis pela bela capa desta edição.

Ao amigo, parceiro e irmão Marcio Abreu, agradeço pela orelha deste livro e pela orelha enorme com que ele vem me acompanhando vida afora há tantos anos.

Agradeço ainda aos primeiros leitores do texto integral deste livro, cujas críticas e sugestões me fizeram mudar desde os nomes de alguns capítulos até o título do próprio livro, sem falar nas inúmeras melhorias que sugeriram para o texto de apresentação (no qual encarei o desafio de apresentar a minha concepção de crítica da forma mais sintética possível). Muito obrigado a Annelise Schwarcz, Bernardo Barros Oliveira, Daniel Guerra, Gustavo Pacheco, Jessica Di Chiara e Rafael Zacca.

Agradeço ainda às alunas e alunos da Universidade Federal Fluminense, em sua maioria meus orientandos de graduação, mestrado ou doutorado, para quem li muitas das críticas aqui publicadas minutos depois de finalizá-las, no meu grupo de estudos intitulado "A arte da crítica", quando ele ainda ocorria às quintas-feiras na sala O 405 do *campus* do Gragoatá da UFF. Além da já citada Annelise, agradeço a Bruna Testi, Bruno Jalles, Bruno Fernandes, Caio Lima, Daniel Gilly, Fernando Philbert, Giana Araujo, Josué Bochi, Juan Jorge Pinto, Larissa Monteiro, Nina Lima, Rosane Lima, Sandro Mira e tantas outras e outros que por lá passaram.

Ainda que os textos que integram este livro tenham sido publicados exclusivamente no jornal *O Globo*, toda a minha formação como crítico teatral está ligada à revista *Questão de Crítica*, criada e editada por minha amiga e parceira Daniele Ávila Small. Agradeço a ela por todo o incentivo e a interlocução desde os primórdios, assim como aos outros parceiros da QdC: Daniel Schenker, Mariana Barcellos, Renan Ji, Paulo Mattos e Viviane Soledad.

Agradeço também às inúmeras colegas e parceiros que, trabalhando coletivamente para o fomento, o aprofundamento e a difusão da crítica teatral brasileira, foram fundamentais para o amadurecimento da concepção de crítica presente neste livro. Especialmente aos amigos Luciana Romagnolli, Daniel Toledo, Soraya Belusi, Soraya Martins, Clóvis Domingos, Júlia Guimarães e Guilherme Diniz (*Horizonte da Cena*), Michele Rolim (*Agora Crítica Teatral*), Francisco Mallmann (*Bocas Malditas*), Laís Machado e Daniel Guerra (*Barril*), Juliano Gomes (*Cinética*), Pollyanna Diniz e Ivana Moura (*Satisfeita, Yolanda?*), Lorenna Rocha (*Quarta Parede*) e Valmir Santos (*Teatrojornal*), meu muito obrigado.

Aos parceiros do grupo de estudos que criamos durante a pandemia, a Eleonora Fabião, Fabiano Dadado de Freitas, Marcia Rubin, Marcio Abreu e Nadja Naira, meu agradecimento pela injeção de vida, saúde e pensamento.

Ao meu filho Bernardo Tandeta Pessoa, agradeço por ter ido ver comigo muitas das peças aqui criticadas e por ter compartilhado comigo as suas impressões.

À minha filha Elisa Botkay Pessoa e à sua mãe Louise Botkay, agradeço por terem me emprestado à vida teatral três noites por semana nos belos anos em que vivemos juntos.

Às vovós Carmen Lobo, Margarete Cardozo e Monica Botkay, e ao vovô Gustavo Estellita, agradeço por todas as noites que cuidaram da Elisa para que eu pudesse ir ao teatro. E à Anita Tandeta, agradeço por ter cuidado tão bem do nosso filho Bernardo nos últimos 15 anos.

Às amigas e aos amigos que me acompanharam tantas noites ao teatro (Adriano Guimarães, Alexandre Costa, Aline Vila Real, Clara Kutner, Janaina Leite, Loa Campos, Luciano Gatti, Luisa Buarque, Luiz Camillo Osorio, Pedro Caldas, Pedro Duarte, Pedro Kosovski, Pedro Süssekind, Rafael Bacellar, Raquel Karro, Renata Carvalho, Rodrigo Bolzan, Tania Rivera, Vladimir Vieira e Wagner Schwartz), meu muito obrigado por nossas conversas.

À Mary Vanise, que me ensinou e continua me ensinando a gargalhar diante dos impasses da vida e que me faz achar portas mesmo ao pé de paredes sem portas, agradeço por tudo.

À minha namorada Camila Pitanga, agradeço pela escuta, pela sugestão de epígrafe, pelo diálogo sobre o texto de apresentação e por toda a felicidade que ela trouxe para o meu mundo na fase final de edição deste livro.

Finalmente, agradeço a todos, todes e todas as artistas envolvidas nos trabalhos que inspiraram os textos aqui reunidos.

Sobre o autor

Doutor em filosofia pela UFRJ/Universität Potsdam (Alemanha), com dois pós-doutorados em Estética e Filosofia da Arte (PUC-Rio, 2008; USP, 2015), é professor associado do Departamento de Filosofia e do Programa de Pós-Graduação em Filosofia da UFF. Além de professor, é dramaturgo, crítico teatral e editor da *Revista Viso: Cadernos de Estética Aplicada* (www.revistaviso.com.br). Como dramaturgo, já colaborou com os diretores Aderbal Freire-Filho (*Na selva das cidades*, 2011); Malu Galli e Bel Garcia (*Oréstia*, 2012); Marcio Abreu (*Nômades*, 2014); Daniela Amorim (*Labirinto*, 2015); Jörgen Tjon A Fong (*Invisível*, 2016); Marco André Nunes (*Mar de ressaca*, 2016); e Adriano Guimarães (*O imortal*, 2018). Como crítico teatral, colabora com o jornal *O Globo* e a revista *Questão de Crítica*, além de ser jurado dos prêmios Shell-RJ e Questão de Crítica. Publicou diversos ensaios de crítica literária, cinematográfica e teatral em revistas especializadas, além de cinco livros: *A segunda vida de Brás Cubas: A filosofia da arte de Machado de Assis* (Rocco, 2008), finalista do Prêmio Jabuti de Teoria e Crítica Literária; *A história da filosofia em 40 filmes* (Nau, 2013), *Oréstia: Adaptação dramática* (Giostri, 2013) e *Labirinto* (Giostri, 2017), em parceria com Alexandre Costa; e *Nômades* (Cobogó, 2015), em parceria com Marcio Abreu. O livro *Dramaturgias da crítica* (Cobogó, 2021) é o primeiro volume reunindo sua produção crítica recente no campo do teatro e será sucedido por *O Eros da crítica*, volume composto por seus ensaios teatrais de maior fôlego, a ser lançado em 2023.

© Editora de Livros Cobogó, 2021

Editora-chefe
Isabel Diegues

Editora
Valeska de Aguirre

Gerente de produção
Melina Bial

Revisão final
Eduardo Carneiro

Projeto gráfico de miolo e diagramação
Mari Taboada

Capa
Cubículo

CIP-BRASIL. CATALOGAÇÃO-NA-FONTE
SINDICATO NACIONAL DOS EDITORES DE LIVROS, RJ

P568d
Pessoa, Patrick
Dramaturgias da crítica / Patrick Pessoa.- 1. ed.- Rio de Janeiro : Cobogó, 2021.

(Dramaturgia)

Inclui índice onomástico
ISBN 978-65-5691-042-0

1. Crítica teatral. I. Título. II. Série.

21-73393
CDD: 792.015
CDU: 792)

Meri Gleice Rodrigues de Souza- Bibliotecária- CRB-7/6439

Todos os direitos reservados à
Editora de Livros Cobogó Ltda.
Rua Gen. Dionísio, 53, Humaitá
Rio de Janeiro, RJ, Brasil — 22271-050
www.cobogo.com.br

2021
———————

1ª impressão

Este livro foi composto em Univers. e Calluna
Impresso pela BMF Gráfica e Editora
sobre papel Papel Polén Bold 70g/m².